빛깔있는 책들 103-10

요사채

글, 사진/이응묵

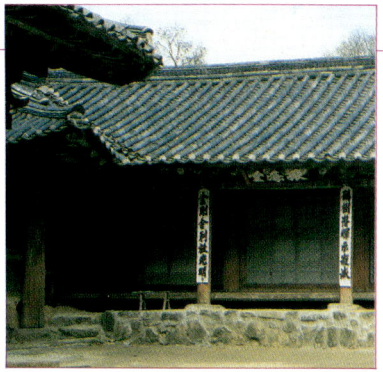

대원사

이응묵

서울에서 태어나 한양대 건축공학과
와 단국대 대학원을 졸업하고 한국
전통 건축 분야의 설계와 조사 연구
활동을 계속하고 있다. '새한건축문화
연구소'를 경영하며 문화재관리국
등의 의뢰(위촉)로 '금산사' '마곡
사' '장곡사' '흥천사' '화암사' 등의
「실측조사보고서」를 집필 간행하였
다. 현재 한국건축가협회 건축역사분
과 상임위원과 대한건축사협회 전통
건축연구위원으로 있다.

요사채

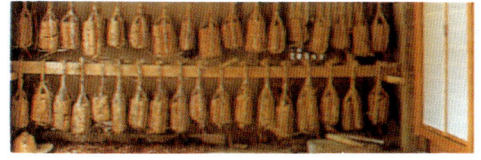

요사채

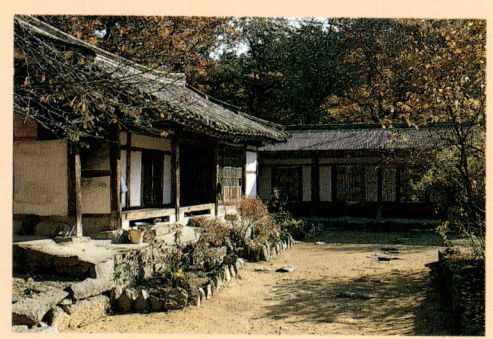

사원과 요사

요사(寮舍)란 절에서 승려들이 거처하는 집을 말한다. 불사(佛寺)를 관리하고 강당, 선당에서 수행하는 모든 수행자들의 의식주를 뒷받침해 주는 생활 공간이며 휴식처이기도 하다. 곧 승려들이 먹고 자고 빨래하고 목욕하고 배설하는 따위의 일상 생활을 하는 집을 요사라고 하는 것이다.

그러나 오늘날에 와서는 승려들이 모여 공부하고 정진하는 집인 승당(僧堂) 또는 승방(僧房)과 요사가 뚜렷한 구분이 없이 혼용되고 있으며 강당이나 선원에 붙은 선방까지도 넓은 의미의 요사 또는 승방의 범주에 포함시켜 생각하는 경향이다. 이는 사찰의 형편과 편의에 따라 임의로 전용되기 때문이며 집의 구조나 평면 배치도 뚜렷한 구분이 없이 서로 비슷하다.

요사는 절의 대중 스님들이 거처하는 대중 요사와 법당을 관리하고 제반 법요를 행하는 분수승(焚修僧)이 거처하는 노전(爐殿)으로 나뉜다.

대중 요사에는 큰방(대중방이라 함)을 비롯, 대소의 승려방과 공양주 및 불목방, 부엌, 헛간, 곳간 들이 들어서고 별채로 된 객실과

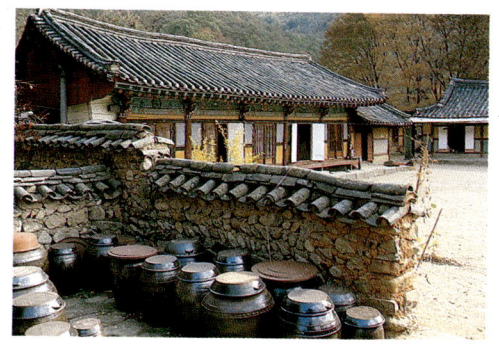

요사 담장으로 나누어진 금산사 후원 요사의 일부분이다.

반빗간(飯備間;취사 전용 부엌) 또는 한뎃부뚜막 및 식당, 고루(庫樓), 수각(水閣) 등이 어우러져 한 묶음을 이루기도 한다. 이 요사들은 다른 건물들의 뒤편에 있으므로 후원(後苑)이라고도 하는데, 대개의 후원에는 돌담을 둘러 범속인(凡俗人)의 출입을 막고 청정한 사중 생활이 노출되지 않게 하고 있다.

사찰 하나가 여러 곳에 대중 요사를 갖기도 하고, 후원 한 군데에 승방과 객실을 여러 채 중복하여 세우기도 한다. 또 아직 승려의 법계를 받지 못한 수행자가 묵는 방사(房舍)와 강원(講院)에서 수학 중인 묵학인들의 거처 방인 판도방(判道房)들을 줄지어 배치시킨 승방이 있는가 하면, 선당(禪堂)에 모인 선객(禪僧)들이 묵는 선방들이 대중 요사와는 따로 떨어져 별원(別院)을 이룬 곳도 있다.

예전에는 은사로 모시는 석학 대덕을 중심으로 소수 승려 집단들이 따로 모여 사는 요사가 절의 곳곳에 나누어져 있어 큰 사찰에는 여러 개의 요사군(寮舍群)이 형성되어 있었다. 또 승려 사용의 승방 및 요사와는 별도로 참례 신도들이 머무르는 방사와 절에 소속되어 농사일과 산림 감시 및 잡역을 도우는 많은 처사들과 노비들의 거주처가 될 건물이 여러 채 따로 마련되어 있었다.

사원을 유지, 관리하며 교화 사업을 펴는 주체자들이 승려인 까닭에 이들이 거주하는 승사와 요사는 사찰에서 매우 중요한 위치를 차지한다고 볼 수 있다.

절이 발전해 온 과정을 보더라도 먼저 승방(승원)이 생겼고 다음에 탑, 그리고 그 후에 불당이 세워지면서 일련의 불교 건축 공간으로서의 가람(伽藍)이 형성되었다. 범어의 Saṅghārāma(僧伽羅摩)에서 비롯된 가람이란 다수의 승려들이 한데 모여 불도를 수행하는 장소, 곧 중원(衆園)의 의미를 지니고 있고 이를 한역(漢譯)하면 승원(僧園, 僧院)이 된다. 승원은 오늘날의 승방, 곧 승려들의 집단 거주처를 말한다.

가람 배치가 정형화(定型化)되어 가는 동안 '승원'은 항시 '탑'과 '금당'으로 형성된 '예배원(禮拜院)'과 대등한 요소로 관찰되어 왔다. 이는 승원이 절의 시작과 함께 선도적(先導的)으로 정착해 왔기 때문이다.

가람과 요사의 배치

가람 배치(伽藍配置)

불교가 인도에서 발생하였으므로 가람의 기본 또한 인도에서 시작되었으며, 나중에 중국으로 전래되면서 중국의 궁전 건축과 인도의 불탑 요소가 복합되어 중국의 가람 배치 형식이 형성되었다. 우리나라는 중국으로부터 불교가 전래된 까닭에 가람 배치 역시 중국 대륙의 영향이 컸다.

여기에서 우리나라 각 시대의 가람 배치 상황을 먼저 개괄(概括)해 본다.

고구려 사찰은 그 유지(遺址)가 현재 대부분 북한 지역에 남아 있어 자세한 실상은 알 수 없지만 지금까지 조사된 바로는, 중앙에 8각목탑을 세우고 그 동쪽과 서쪽 그리고 북쪽에 목탑을 향한 금당을 세 채(三棟) 배치하고 남쪽에 떨어져서 문을, 그리고 북금당 뒤편에 강당과 부속 건물을 세운 가람 형태가 '청암리사지(평양, 1938년 발굴)' '상오리사지(대동군, 1939년 발굴)' '정릉사지(평양, 1976년 발굴)' 등 세 곳에서 보인다.

백제와 신라의 초기 가람에서는 보편적으로 탑과 금당 및 강당을 일직선상에 배열한 형식이었고 앞면의 중문(또는 남문)으로부터 강당까지를 대체로 남북 축선에 맞추어 배치하고 회랑을 둘러서 성역(聖域)을 이루었다. 또 회랑 밖 강당 뒤쪽과 좌우 옆쪽에 승방 등의 부속 건물을 세워 성역과 일반 사역을 구분하였다.

시대가 내려오면서 목탑은 석탑으로 바뀌고 탑 뒤에 금당이 한 채(一金堂)로부터 나란히 세 채(三金堂;황룡사 창건 가람)가 들어서기도 하였으며 강당 주위의 회랑을 중랑(重廊;또는 復廊)으로 확대하여 승방과 요사 등의 용도로 활용하게 한 듯하다.

삼국시대 가람에서 특이한 것은 익산 미륵사지(彌勒寺址)를 들 수 있다. 문화재관리국에서 1979년부터 사지 전체를 발굴하여 그 전모가 밝혀지고 있는데, 이를 보면 사지는 크게 삼원(三院)으로 나뉘고, 각원마다 중문과 탑, 금당을 일직선상에 배치하고 그 주위를 회랑(복랑)으로 구획하였으되 중앙의 탑과 금당을 가장 크게 하고 그 내원도 가장 넓게 했다. 이 중심원(院)의 뒤쪽 회랑에서 좀 떨어진 중앙 북쪽에 거대한 강당을 두고 그 좌우에 남북으로 길게 뻗은 건물 터가 따로 있는데 이 건물 터가 승방 터로 추정된다. 곧 강당과 승방을 회랑 외곽에 배치함으로써 예배 공간과 설법 및 거주 공간을 분리한 셈이다.

통일신라 이후 강당 좌우에 설치되던 건물은 점차 퇴화되어 없어지고 남쪽 전면 회랑 좌우에 종루나 경루 같은 별도 건물이 생겼으며 금당 좌우에 연결된 익랑이 생겨서 예배 공간과 설법 공간이 구획되었다.

그리고 선종의 유행과 더불어 전국 곳곳에 산지(山地) 가람이 생겨나면서 점차 지형에 따른 자연스러운 가람 배치가 되어 평지 가람에서 보이는 좌우 대칭의 규범이나 회랑 시설이 제외되고 탑이 생략되는 경우도 생겼다.

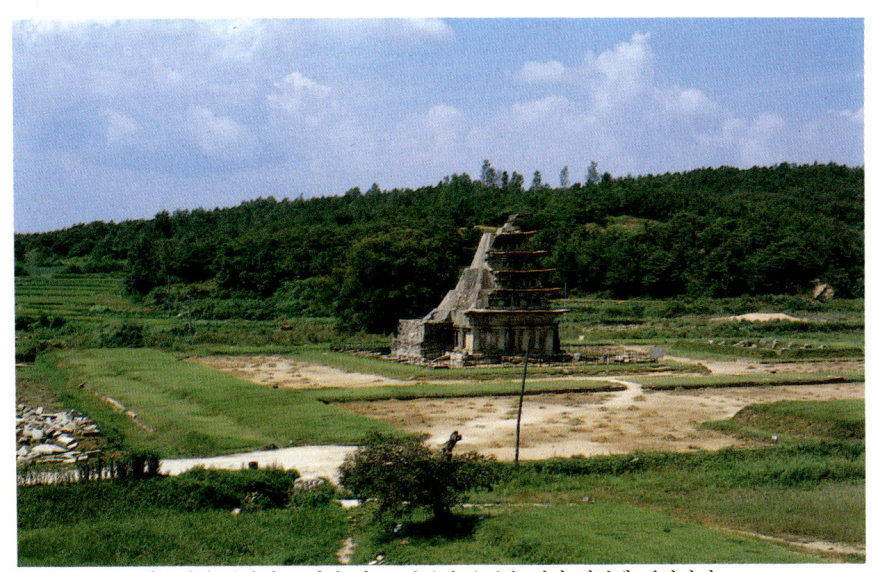

미륵사지 전경 삼국시대 가람의 특이한 예로, 강당과 승방을 회랑 외곽에 배치하여 예배 공간과 설법 및 거주 공간을 분리하였다.

  이 때의 가람에서 요사 또는 승원 건물의 위치를 정확히 알 수는 없다. 남아 있는 대부분의 사찰이 후대에 중창 또는 새롭게 건립되었기 때문이다. 따라서 천 수백 년의 전통 있는 고찰(古刹)이라도 그 창건 무렵이나 중흥기의 가람 모습을 짐작하기가 어렵다. 다만 폐사지를 전체 발굴하는 경우에 옛터를 찾아볼 수 있거나 변천, 교란된 과정이 밝혀질 따름이다.

  고려 때의 사찰도 대개 전대(前代)의 예를 따른 듯한데 왕도인 개성(松都)을 비롯한 중부 지방에 새로운 절이 많이 창건되었다. 이즈음 해서는 옛 사원이 퇴락되어 아주 폐사되기도 하고 일부는 새롭게 중창되어 지금까지 전해 오고 있는데, 이 때부터 강당과 승방, 요사 등의 건물이 금당 전면으로 배치되지 않았을까 생각되기도 한다.

산지에 개창되는 산사(山寺)들은 산기슭 아래쪽에 도량의 중심을 잡고 배산(背山)하여 치올린 터전에 전각을 세우는 까닭에 낮고 평평한 하단지(下段地)에 중료(衆寮), 강당을 두고 예불 공간은 상단 지대(上段地帶)에 배설하는 것이 합리적인 용지 계획이 될 수 있었다.

평지 사찰인 경우에도 다중 인원이 출입하는 설법과 유숙의 장소는 초입에 두고 법당 등을 깊숙히 배치함으로써 경건하고 엄숙한 성역(聖域)을 이룰 수 있었을 듯하다.

조선시대에는 불상이 봉안된 법당이 예배 대상의 중심이 되어 탑의 규모는 약화되었다. 따라서 탑은 금당의 중심축 밖으로 옮겨지기도 하고 사원 성역(聖域) 외곽으로 밀려나서 사찰의 한 장식품으로 변하기도 하였다. 임진왜란 이후 중창된 사찰엔 거의가 금당의 전면 좌우에 승방용에 해당하는 당우(堂宇)가 놓이고 전정(前庭) 앞에는 누각(강당을 겸함), 천왕문, 금강문, 일주문 등의 순서로 배치된다. 옛 가람의 회랑을 대신하여 선당과 승당, 누 등으로 짜여진 중정에서 모든 봉불의례(奉佛儀禮)가 행해지며 절이 들어선 골짜기 전체가 사찰의 경내로 되어 가는 경향이었다.

요사 배치

그러면 이러한 가람 안에서 승방 또는 요사는 어떻게 배치되고 운용되어 왔는가?

우리나라의 초기 사원들은 대개 평지에 세운 절들로서, 회랑으로 나누어진 예불 및 설법 공간의 외곽인 강당 좌우와 뒤쪽에 승방류를 앉혔음은 앞에 설명하였다. 그러나 당시 집의 규모와 구조 등은 자세히 알 수 없다. 또한 통일신라 초기의 감은사지 강당 좌우에 있는 보칸(樑間) 3칸통의 승방 추정 건물 터나 익산 미륵사지의 추정 승방 터에서도 단지 승방 터로만 추정될 뿐 어떤 형태의 건물을 갖추어 사중 승려 생활의 어느 부분을 수용했는지는 알 수가 없다.

우리나라 옛 사찰이 중국의 영향을 받았듯이 사원 건립에 궁궐을 건축하던 조영 사상대로 전조후침(前朝後寢)의 제도를 그대로 따른 듯하다. 청암리 사찰 터가 궁전으로 의도되었던 것이 사찰로 바뀌었다고 추정되기도 할 만큼 탑원(塔院)이 있는 중심부를 제외하고 북원까지 포함한 전체 가람의 배치 형상은 궁궐 배치와 비슷하다. (황궁의 오성도 배치와 관련하여)

이렇게 초기 사원의 중심곽(聖域) 뒤쪽에 승방과 식당 등 승려 생활 건물을 배치한 것은 일본의 약사사(藥師寺)와 사천왕사(四天王寺)에서도 볼 수 있다. 일본 법륭사는 회랑 밖 동서 양편에 나누어 각기 긴 건물 터(동실, 서실)가 있는데 이들도 승방 건물로 활용되었으리라 짐작하고 있다. 지금까지 보존돼 온 대부분의 사찰은 고려 말과 조선시대에 중건되어 대체로 강당과 선방 등의 강설 및 수선의 장소와 승방, 요사 등의 거주 및 생활 공간이 법당의 전면인 중단(中段)이나 하단 지역에 배치되어 있다.

이 가운데 가장 많은 형태는 대부분의 산사 및 평지 사원에서 볼 수 있는 것처럼 법당 전정(前庭)의 양편에 대칭되게 자리잡고 전정을 향한 곳에 큰방(대중방)을 두고 여기에서 ㄱ자, ㄷ자 또는 ㅁ자로 꺾인 뒤쪽에 부엌(정짓간)과 작은 승려방 및 광 등을 연결하여 후원을 이루게 한 것이다. 법당과 마주 한 정면에는 누(樓)나 강당이 세워져 승당 등으로 둘러싸여진 내부 공간은 아늑한 예불 도량이 되었다.

두번째로 많은 배치 예는 주법당 앞의 한쪽에만 승사와 요사가 있고 다른 한쪽에는 작은 불전(나한전, 명부전, 관음전 등) 또는

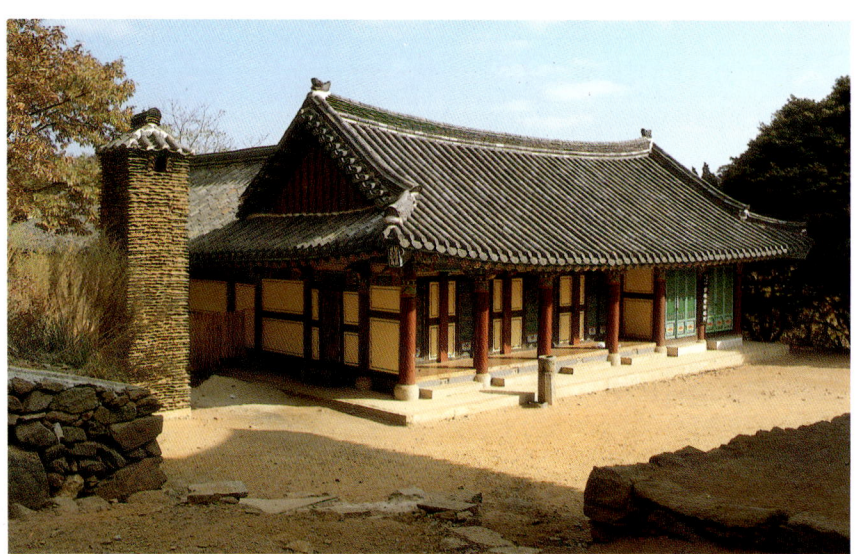

공림사 승당 전툇간에 마루를 놓아 여러 방들을 연결하였다. 불가(佛家)에서는 별로 쓰이지 않는 용두 장식이 지붕마루 끝에 올려져 있다.

종루, 비각, 노전 등이 배치된 경우이다. 이런 예에는 위봉사, 내소사, 동화사, 범어사, 실상사, 성불사(황해도) 등이 있다.

그 다음의 예는 정전(正殿) 맞은편의 누 또는 강당이 있을 위치에 요사를 둔 것이다. 이 때 법당 맞은편뿐 아니라 내정에 면한 다른 한쪽에도 대중방이 있는 요사가 배치된 경우도 있다. 전자에는 청주 보살사, 안성 청룡사, 서울 흥천사, 경국사, 패엽사(황해도 신천) 등이 있고 후자로는 수덕사(맞은편에 선방 또는 강당 건물), 안성 칠장사(七長寺) 등이 있다. 특히 조선시대 후기(고종 연간) 서울 도성 주변에 건립된 몇 개의 사찰에선 법당 앞에 대방(大房)이라고 한 큰 복합 건물이 세워져 그 중앙엔 불단을 모시고 법회와 강률(講律), 제법요, 염불 등을 행하는 큰 승당과 그 좌우에 부엌, 작은 승방(개인 방), 누고(樓庫) 등을 갖춘 인법당 형태의 요사채가 보편화되었다.

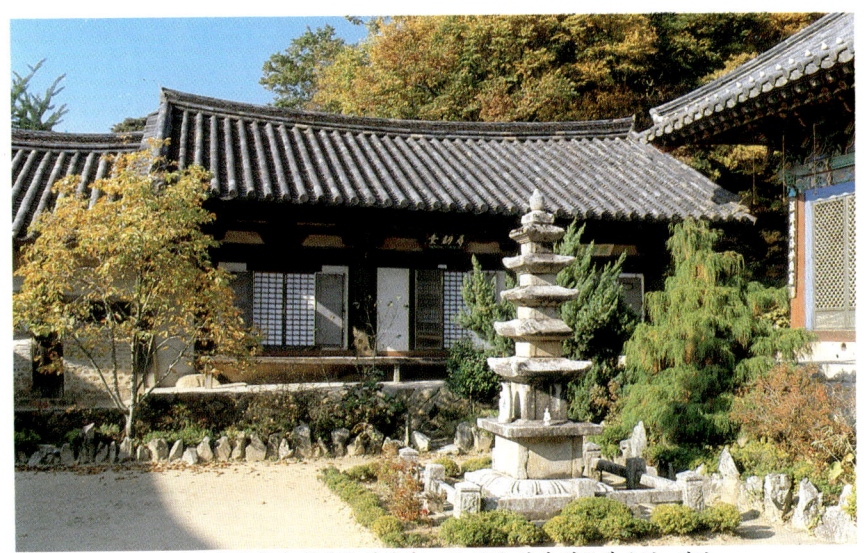

개심사 심검당 조선시대에 중창된 대개의 사찰에는 큰 법당 앞의 양쪽에 승당, 선당 등을 두고 그 후원에 승려 생활처인 요사채가 배치되었다.

또 다른 배치 유형은 가람 배치 자체가 일정하게 배치되지 않은 까닭에 요사도 불규칙하게 배열된 예이다. 대규모 본사 사찰로서 경내에 여러 동의 불전과 누, 문 등이 중복 배치되어 한 사원 안에 몇 개의 소원(小院)이 병설되었거나, 여러 단지(壇地)로 층단지어져 성격이 다른 도량을 형성한 종합 사찰의 경우로서 각원(小院) 또는 단지마다 요사채를 갖추고 있다. 한편 작은 규모의 산사로서 좁은 산곡 지형에 따라 적절히 법당과 승방을 배치한 경우도 이런 예에 속한다.

중복 배치된 종합 사찰의 형식은 통도사(通度寺)가 대표되며, 지금은 그대로 남겨져 있지 않지만 여말선초 당시의 금산사(金山寺)에도 세 개의 도량(대사원, 광교원, 봉천원)이 중복 배치되어 각기 법당과 탑 그리고 여러 동의 중료들을 거느리고 있었다.

이원병설(二院並設)의 가람 가운데 불국사는 회랑의 서북쪽에 승원과 강원이 집중 배치되었고, 봉정사에는 후일에 확장된 것으로 보이는 금당(대웅전) 지역의 중정을 향해 요사(海會堂)를 배치하였다. 나중에 요사들이 증설되어 가람 전면의 평탄지에 승방과 객실이 즐비해졌고 몇 채의 건물을 묶은 요사군(寮舍群)이 중복될 뿐 아니라 따로 떨어져 별원(別院)을 이루기도 하였다. 이런 대중 요사와는 별도로 불전을 관리하는 노전과 조실 또는 노장 대덕이 거처하는 방사가 불전 옆 또는 그 상단(上壇)의 깊숙한 곳에 배치되었다.

그리고 큰 규모의 고찰(古刹)에서는 하단 지역 전면에 다시 절의 잡일을 거드는 속인 및 노비들의 숙소와 참례객들의 시종(侍從)과 수레, 우마 등을 거두는 행랑 들이 따로 마련되었던 흔적이 보이기도 한다.

여기에서는 고려 말과 조선 초에는 큰 절이었던 양주 회암사의 가람과 요사 배치를 그 유지를 통하여 살펴보고 가람 배치의 이해에 참고하고자 한다.

이 절터의 배치 형식은 축단과 계단 등에 보이는 치장도 매우 호방하고 고급스러워 범상한 사찰과는 다르다.

이색(李穡)이 지은 「회암사 수조기(檜岩寺修造記)」와 성종 때 김수온(金守溫)이 지은 「회암사 중창기(檜岩寺重創記)」가 전해져 현존하는 유구와 더불어 사찰의 성격과 가람 배치 등을 더듬어 다음과 같이 추정할 수 있다.

전체 사지는 약한 경사 지형에 따라 승급을 두어 초입으로부터 8단(段)의 계단상 대지로 조성되었다. 종축으로 가장 긴 중앙 부분에 중심축을 설정하여 여기에 천랑과 문을 내고 그 양편에 대칭되게 규칙적으로 건물을 배치하였다.

제5단째의 정면 중심에 금당(보광명전)을 두고 그 좌우와 뒤쪽의 3개 단지(제6,7,8단)에 '설법전' '사리전' '조사전' '나한전' '대장전' 등 불보 및 법보 신앙 대상의 전각들과 '동방장' '서방장' '수좌료'

'지장료' '시자료' '서기료' '입실료' 등 7동의 노전채와 조실방 건물을 정연하게 배열하였다.

금당 전면인 제3,4단지에도 중문과 천랑이 이어지고 그 양편에 대칭으로 '동운집' '서운집' '동파침' '서파침' '동객실' '서객실' '열중료' '동랑' 등의 객실과 부수 건물들이 들어서 있다. 여기까지는 중심축을 기준하여 규칙적으로 불전과 문, 승방 등이 좌우 대칭하여 배치된 것인데, 제3,4단지 동편에 집중적으로 들어선 중료와 후원 지역을 살펴보자.

'향적전' '미타전' '부사료' '도사료' '지빈료' '전좌료' '원두료' '심랑' '고루' '장고' 또 몇 채의 '곳간' '헛간' 이름모를 '승방' 들과 함께 큰 규모의 '석수조(돌물확)' '맷돌' '석함(石函)' '떡판석' 등이 넓은 대지에 펼쳐져 있어 크고 풍요로웠던 후원 생활을 짐작하게 한다. 가람 전체에 놓인 승방 및 중료는 36개소에 이르는데, 이 중 제5단 이상의 노전 및 방장채가 8개소이고 제4단지 이하의 요사 및 후원에 부수되는 건물 수가 28개소이다. 옛 기록에 '사승(寺僧) 이백오십' 또는 '반승 천명(飯僧千名)'이라고 한 것을 실증해 준다.

또 이들 중료와 후원이 들어선 전면의 제2단지에도 '종루' '사문루(沙門樓)' '관음전' '접객소' '양노방' '욕실'을 비롯하여 '마구(馬廐)'와 기타 건물 터를 남기고 있다.

이렇듯 다수의 승사와 요사를 비롯한 당우를 집중적으로 배치함과 아울러 육중한 장대 석축, 대석계(3칸 구획 또는 호방한 소대석) 그리고 기단 갑석과 면석 치장에 보인 장엄 등이 돋보여 왕실이나 국가 권력의 긴밀한 보호를 받아온 권위 사찰다운 품격을 강하게 풍긴다. 이러한 회암사는 특수 가람의 예이긴 하나 건물 배치와 승사 및 요사의 규모, 기능 등을 살필 수 있다는 점에서 주목되며 당시(고려 말과 조선 초) 어지러운 불사 환경에서도 사원 건립이 굳건하게 계속되었음을 알게 하는 좋은 예이다.

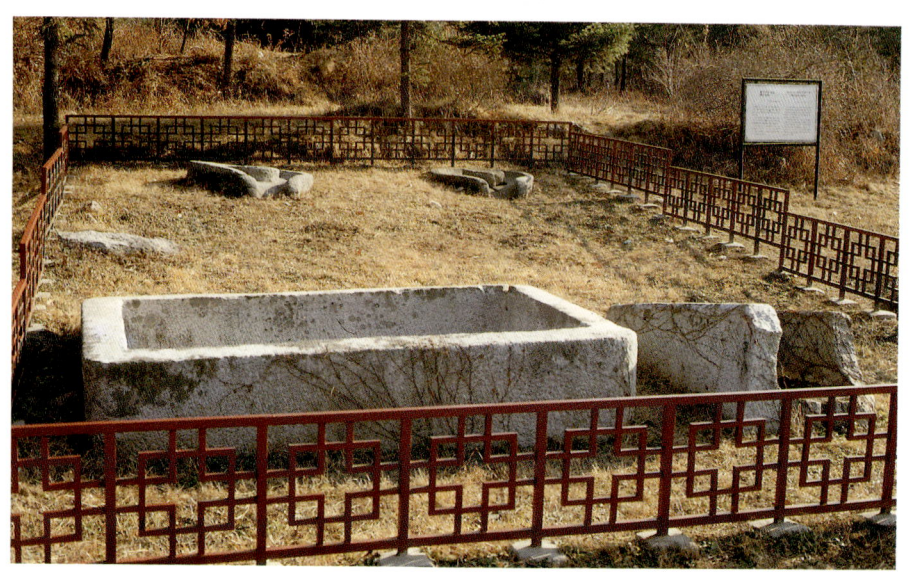

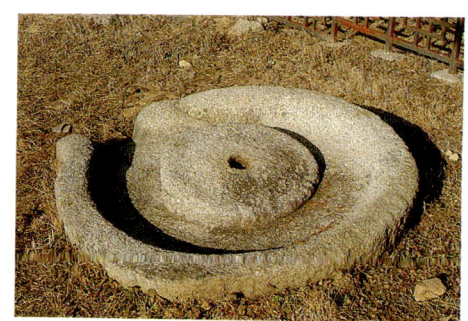

회암사지 석조와 맷돌 회암사지 동쪽 중료(衆寮) 후원의 가장자리 부분에 놓여 있는 대석조와 돌맷돌이다. '반승천명'이라는 기록과 같이 수많은 승려의 사중 생활을 뒷받침해 주던 흔적이다. 위는 대석조, 아래는 직경 1.6미터의 큰 돌맷돌이다.

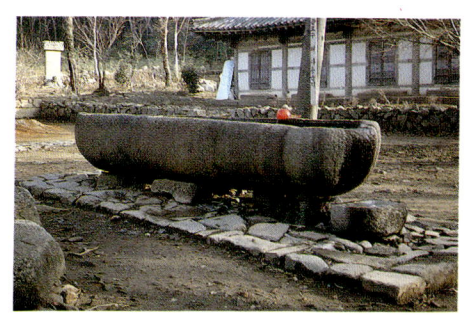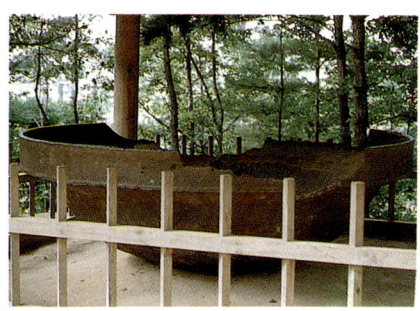

돌물확(石槽)   전남 영암의 도갑사 경내에 있다.(왼쪽)

쇠솥   고려 태조가 후백제를 평정한 후 선무하기 위해 세운 큰 절인 충남 논산에 있던
개태사는 당시에 많은 승려가 있었던 듯 직경 2.5미터 가량 되는 큰 쇠솥이 절터에
남아 있다.(오른쪽)

요사의 실제

요사채의 명칭

승방과 요사의 구분이 뚜렷하지 않고 근래에는 선방까지도 대중 법요를 치르는 대중방 또는 중료(衆寮)로 활용되는 경우가 있어 요사채의 개념 정립이 더욱 혼란되고 있으므로 먼저 이들 당우의 명칭을 편액(篇額)으로 조사해 보았다. 조사된 30여 개 사찰 요사는 대체로 조선 중기 이후 중건된 대중 요사들이다.

중정에 면한 대중방 처마 밑의 현판은 '심검당(尋劍堂)' '적묵당 (寂默堂)' '설선당(說禪堂)' 순으로 많으며 '탐진당(探眞堂)' '회승당 (會僧堂)' 등 여러 가지 당호명이 보인다.

또한 노전채에는 '봉향각(奉香閣)' '응향각(凝香閣)' '향로전(香爐 殿)' '일로향각(一爐香閣)' '대향각(大香閣)' 등 향을 태워 예불하는 부전승 처소임을 암시한다. 그리고 조실스님이나 노장 대덕스님의 처소는 '염화실(拈花室)' '방장실(方丈室)' '반야실(般若室)' 등의 편액이 걸려 있다.

'적묵(寂默)'이라 함은 말없이 명상한다는 뜻에서 '참선'의 의미로

표1. 중정식 사원의 당우 편액명(주불전, 누와 좌우의 승사, 요사 건물)

사찰명	향좌 당우명	주불전과 누	향우 당우명
해인사	궁현당(강원)	대적광전, 구광루	심검당, 응향각
범어사	심검당	대웅전, 보제루	일로향각, 금어신원
봉정사	고금당, 화엄강당	대웅전, 덕휘루	해회당
은해사	설선당	대웅전, 보화루	심검당
동화사	심검당	대웅전, 봉서루	강생원
쌍계사	적묵당	대웅전, 팔영루	설선당, 반야실
용화사	적묵당	보광전, 해월루	탐진당
마곡사		대웅, 대적광전	심검당
갑 사	진해당	대웅전, 강당	적묵당
장곡사	설선당	하대웅전, 운학루	봉향각(노전)
수덕사	백련당	대웅전, 조인정사(선방)	
개심사	심검당	대웅전, 안양루	무량수전
송광사	임경당, 보제당, 문수전	대웅전, 종고루	해청당, 법성료, 행해당
선암사	설선당, 창파당	대웅전, 만세루	심검당
천은사	회승당	대웅전, 누각	설선당
화엄사		대웅전, 보제루	적묵당
대흥사	백설당,	대웅전, 침계루	
	봉향각(노전)	천불전, 가허루	용화당
화암사	적묵당	극락전, 우화루	불명당(요사)
내소사		대웅전, 봉래루	설선당, 염화실
위봉사	관음전(요사)	보광명전	나한전
용주사	만수리료(선당)	대웅보전, 천보루	나유타료(요사)
신륵사	적묵당	극락전, 구룡루	심검당(노전)
전등사	적묵당(이건), 향로전	대웅전, 대조루	강설당(ㄷ자형 요사)
봉은사	심검당	대웅전	선불당
월정사	서별당(강당)	적광전, 용금루	동별당(ㅁ자형 요사)
구룡사	심검당	대웅전, 보광루	설선당

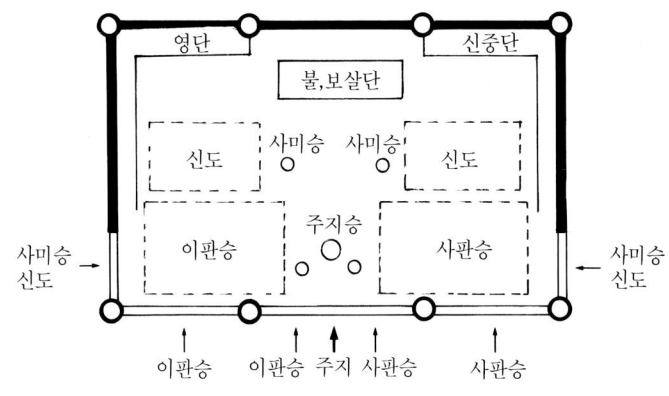

법당 조석 예불 때의 좌석 배치와 동선

생각되고 '심검(尋劍)'이란 지혜의 칼을 찾아 무명(無名)의 풀을 벤다는 뜻에서 강학(講學)과 강설(講說) 및 탐진(探眞)과 상통하므로 강당 또는 승당(僧堂)의 의미로 여겨진다. 설선당(說禪堂)은 참선과 강설의 의미가 복합된 것으로 이해되며 '회승(會僧)' '진회(振會)' '해회(海會)' '감로(甘露)' 등의 당우도 강설당 또는 승당의 의미로 통한다.

법회 때나 조석 예불 또는 강설 때의 법당 안 좌석 배치 및 동선 계통도를 보면 법당 전면을 향하여 왼쪽에 선당(禪堂), 오른쪽에 승당(僧堂)이 배치되도록 한 규범인데 실제 편액명으로 살펴보면 좌우 배치가 뚜렷하게 구분되지 않고 서로 뒤섞여 배치된 현상이다. 또한 '대방(大房)' '염불당(念佛堂)' 등의 이름으로 사용되는 큰방이 많은데 여기에서 대중 법요와 강설, 참선 등이 교대로 이행되기도 한다.

용주사(수원)의 경우와 같이 경전 구절을 따서 왼쪽에 '만수리료(曼殊利寮, 선당)' 오른쪽에 '나유타료(那由他寮, 요사)' 등의 현판을 걸기도 하였다. 승려의 개인 방이나 객실 등에도 방위와 취향에 따른 여러 편액이 걸리고 이와 별도로 사중의 편리대로 부르는 명칭이 있기도 하다. 노전채 가운데는 불전에 올리는 마지는 향나무를 때서 밥을 짓는다고 한 고사(故事)에 따라 향목을 쌓았다는 의미에서 '향적전(香積殿)'이라고 편액한 것도 있다.

요사의 평면과 구조

요사 가운데 노전채나 조실(祖室) 또는 노장 스님 거처소 및 선당에 소속된 작은 승방 등은 단일 건물로 되어 대체로 '一자형' 또는 'ㄱ자형' 평면이다. 간혹 'ㄷ자형'의 건물이 발견되기도 하지만 그리 흔한 예는 아니다.

그러나 규모 있는 큰 절의 대중 요사는 대체로 중정을 향한 본채 중심에 대중 승속이 모이는 큰방(대중방)을 두고 여기에서 뒤쪽으로 꺾이는 부분에 부엌(정지)과 승려 개인 방으로 쓰는 대소의 여러 방들과 헛간, 곳간 등이 배치된다. 또한 별채의 객실이나 식당, 고루(庫樓) 등이 첨가되어 그 평면 형태는 'ㄱ자' 또는 'ㄷ자형'에서 '트인 ㅁ자' 혹은 '막힌 ㅁ자형' 등과 '변형 亞자형' '工자형' 등 다양한 형태로 발전되었다.

처음에는 一자나 ㄱ자 등 단순한 건물에서 출발하였으나 승려와 절에 기거하는 속인 또는 내방 유숙객이 증가함에 따라 집은 점차 늘어나고, 변형되었을 것이다. 대개의 요사 전면은 중정에 직접 면하여 출입하게 되나 여러 채의 건물로 이루어진 요사 일원의 주위엔 담장이 둘러져 후원 안의 생활은 외부에 드러나지 않는다.

수각과 한뎃부엌 또는 곳간과 객실 등의 안팎에 후원 생활에 필요한 마당(작업장)과 장독이 마련되고 담장 밖에 채원과 칙간(側間)이 있다. 몇 개소의 대중 요사에는 ㄷ자 또는 ㅁ자로 둘러싸인 안마당에 수각이나 장독대 같은 생활 부수 시설들이 마련되고 담장 없이 주벽 건물로만 회랑을 두르듯 연결되어 후원 공간을 이루기도 하였다. 이렇게 승방들로 둘러싸인 내정은 아늑한 공간이 되어 여기에서 승려들의 개인 생활은 조용하고 정결하게 이루어진다.

왕실 지원을 받던 서울 근교 사찰의 요사는 법당 앞에 거루(巨樓)를 지어 큰 방을 내고 'ㄷ자'로 돌출시킨 양 날개 부분에 높게 석주를 받쳐 누다락을 만들고 전면 기단을 장대석으로 높게 축조하였다. 이런 큰 방들은 단순히 요사라기보다는 대중 법요를 치르는 큰방이란 뜻에서 대방(大房)이라고 불린다. 그러나 대개의 평지 또는 산지 가람에서는 불전과 강당류의 건물에 비해 승사나 요사는 부재의 규격이나 장엄 등에 현격한 차이가 있으며 불전이나 강당보다 검소하게 구조된다.

가람에서 불, 법, 승의 삼보 신앙 체계에 따른 건물 배치가 구분되듯이 건물 구조에서도 각기 뚜렷한 구분이 있다. 구체적으로 살펴보면 불전 등 불보 신앙 대상의 건물은 사찰 중앙(上壇)에 배치되고 웅대한 건물에 복잡한 공포와 가구(架構)를 갖추고 화려한 조각과 단청으로 치장한 데 비해 경루, 판각 등의 법보 신앙 대상과 강당, 승당, 선당 등 승보 신앙의 건물은 그 전면과 상단 구석에 배치된 간결한 구성의 건물이다.

승보 신앙의 건물인 승당과 선당, 요사 등은 가장 간단한 구조로 형성되었다. 기단과 집의 높이가 다른 건물에 비해 낮은 편이고 부재가 섬약 검소하며 납도리나 초익공 구조한 단출한 건물이다. 주요한 승당이나 중심 요사에 겹처마를 틀고 이익공 정도로 처마 밑을 치장하여 단청하기도 하였고, 또 중층(重層)을 구조한 경우도 있지만 대개는 나지막한 집채에 툇마루를 두르고 살창과 회사벽으로 벽마감하였다. 툇마루를 둘러 통행을 편하게 한 단청 없는 홑처마의 살림집(住家) 형태이다. 불전(법당)이나 강당, 경당 등이 궁궐의 정전(正殿) 또는 편전(便殿) 등에 비유된다면 승방과 요사는 내전과 침전 등에 해당된다고 하겠다.

요사채 구성의 단위 요소

대중방(大衆房;큰방)

절에서 승려 생활의 중심을 이루는 곳은 대중방이다. 보통 '큰방'이라고도 하는데 이 방에서 승가 생활의 중요한 부분을 펼쳐 나간다.

대중 생활의 근간은 대개 '예불(禮佛)'과 '공양(供養)' '운력(運力)' 및 '정진(精進)'이라고 하겠는데 이 가운데 공양과 정진은 큰방에서 이루어진다. 또 절 안에서의 크고 작은 사안을 의논하거나 알리며 죄를 묻는 등의 대중 공사(公事)가 큰방 생활의 중요한 일이 된다. 절 안의 대중이 함께 모여 위계 질서를 바탕으로 서로 화합하고 공동 생활을 이루어야 하므로 대중방에서의 규범과 좌차(座次;앉는 자리 순서)는 엄격하다.

규율과 법맥의 전통이 고수되고 있는 큰 사찰에서는 도량석과 조석 예불 후의 오전, 오후 정진과 문강(問講) 등 엄격한 법도의 대중 생활이 큰방을 중심으로 이루어지고 대중 공양은 반드시 발우공양으로 한다. 발우공양시의 좌차(座次)를 보면 어칸 출입문을 중심하여 법당 쪽(白雲이라 함)에 선당승이, 아래쪽(靑山이라 함)에 절에서 소임 보는 사판승과 승당 거처 스님이 앉게 된다. 어칸부터 좌우로 나누어 법계에 따라 차례로 둘러앉게 되면 그 끝은 자연히 불단 앞에 오게 된다.(발우공양 좌석 배치도 참조)

이렇게 큰방에서 공양할 때나 대중 공사가 있을 때는 서로 마주 보고 앉게 되며 좌선할 때에는 서로 등을 대고 벽을 향해 앉는다.

대중방은 대체로 도리칸 3칸 또는 5칸에 긴 보칸(樑間)의 전체

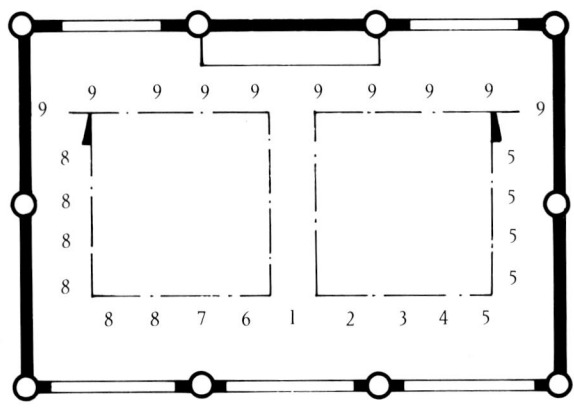

대중방에서의 발우공양 때 좌석 배치 예

1. 조실승 2. 주지승 3. 재무승 4. 총무승 5. 승당승 6. 유나승 7. 입승 8. 선당승
9. 사미승
• 2~4까지를 사판승, 6~8까지를 이판승이라고도 함.
• 유나승: 사물 및 모든 일을 지휘하는 승려.
• 입승:중료의 기강을 바로잡고 대중의 진입, 퇴거 등 동작을 지휘하는 승려.

를 터놓아 넓은 방이 되었고, 안쪽 벽에 작은 불단 또는 불감을 두어
불상 등을 봉안하였다. 전후면에 대개 뒷마루가 연결되고 아랫목
쪽에 큰 부엌이 있다.

　대중방의 바닥은 구들 위에 각장판을 깔아 콩댐하고, 벽과 천장은
시원한 색의 벽지로 도배하거나 종이 반자를 설치하였다. 각 주칸
(柱間)에는 넓은 띠살문으로 출입문을 내어, 실내 분위기는 밝고
안온하다.

　대개의 큰방이 작게는 대여섯 평 정도, 큰 것은 서른 평이 넘는
넓은 방인데도 구들고래를 정교하게 배치하여 군불을 때면 온 방안
이 고루 따뜻하다. 난방의 열원은 부엌칸 부뚜막 아궁이의 취사용
열원을 그대로 이용하고 겨울엔 따로 군불을 지핀다.

　대중방이 있는 요사 본채는 몸체(軸部)의 넓이와 높이가 내정

쪽의 다른 부분의 그것이나 별채로 된 부속사보다는 큰 편으로 부재 규격도 견실하다. 더러는 처마 밑에 이익공이나 출목을 하나 둔 주삼포(柱三包) 집으로 하고 전면 쪽엔 부연을 단 겹처마로 구성하기도 하였다.

큰 절의 주요 승당이나 특히 궁실과 깊은 관련을 가진 원찰(願刹) 등의 큰방 문에는 띠살에 팔모 접은 불발기창을 끼워 넣거나, 불발기창을 맹장지문에 붙여 칸벽(間壁) 문짝을 설치한 고급스런 출입문도 있다. 이런 요사에는 기단도 장대석으로 쌓고, 단청하고, 막새기와를 사용하는 등 위엄을 돋구었다.

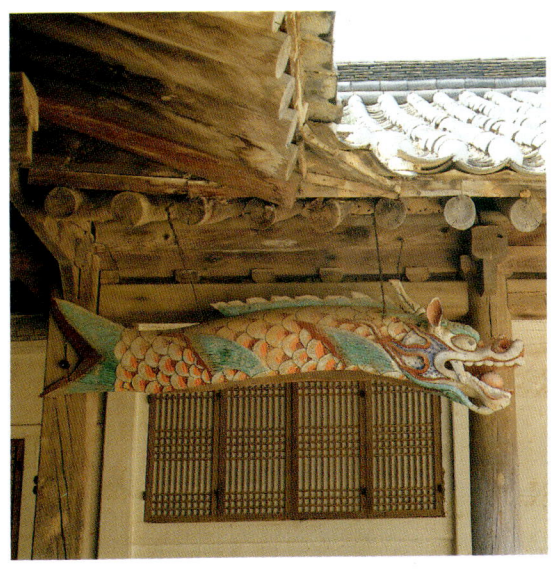

목어 대중방 앞에는 작은 종이나 금구 등을 놓아 두고 대중을 모으거나 조석 예불 의식 때 사용한다. 목어, 운판 등을 걸어 놓기도 한다. 파주 보광사 승당(만세루).

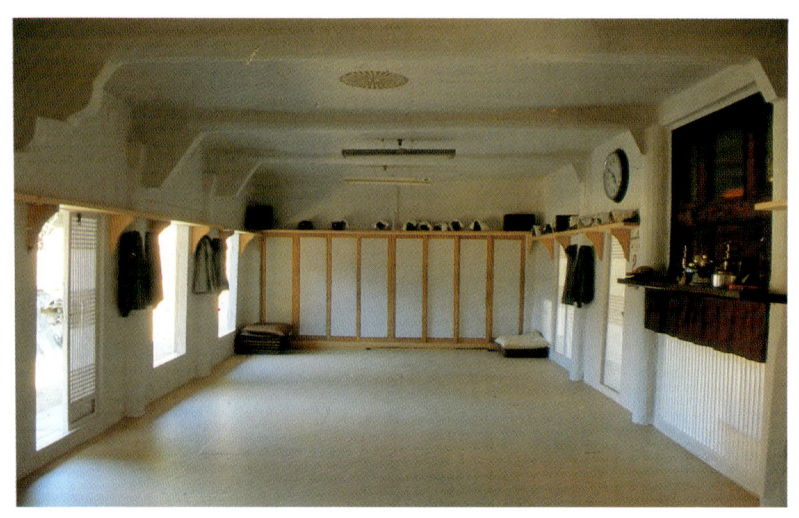

대중방 내부 내벽 중앙에 불감을 마련하여 불상 또는 보살상을 모셔 놓고 법당 쪽 상벽에는 용상방(龍象榜), 다른 벽에 발우를 정돈한 선반과 가사, 장삼을 가지런히 정렬해 둔다.

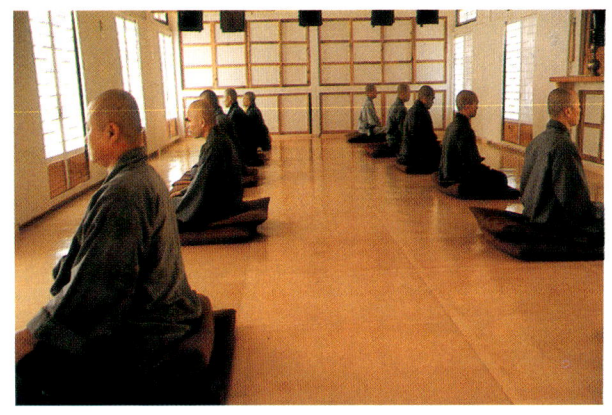

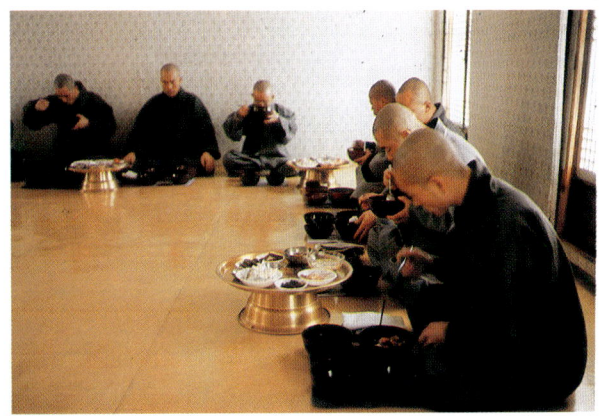

대중방 생활   위는 면벽하여 참선하는 모습이다. 따로이 선방이 마련된 절에서는 선방
에서 수선한다. 아래는 발우공양이 행해지는 모습이다.

승려 개인 방

일반 승려들이 거처하는 방은 대중방이 있는 본채 뒤쪽으로 꺾인 날개 부분과 별동(別棟)으로 된 요사에 배치되는데, 한 면 또는 양면에 툇간 마루가 연결되어 있다. 툇마루 없이 죽담(기단 위 토방)에서 직접 출입문을 낸 벽체가 내정(內庭)을 에워싼 경우도 많다.

집채의 측면이 2칸 이상인 경우, 중간에 칸벽(間壁)을 설치하여 2줄 배기로 방을 배치, 한쪽에만 방문을 낸 겹집 형태의 방도 있고, 2칸통을 터서 한 개의 큰 방으로 꾸미고 양면으로 출입하게 한 깊숙한 형태의 방도 있다. 이런 방들을 각기 별채로 세우기도 하고 한 건물에 교차 배열하기도 한다.

깊숙한 양통(樑通)의 방은 자연히 채광을 고려해 출입문 옆에 살창을 내거나 교창(交窓)을 설치하여 어두움을 해결하였다. 판도방과 같이 방마다 반침을 둔 예도 있으나 대부분은 문과 창 외에는 별다른 시설 없이 토벽(土壁) 위에 벽지를 발라 마감하고 종이 반자를 설치했다. 부엌 옆에 인접된 방들은 통고래를 설치하여 단일 난방을 취하기도 하지만 방마다 아궁이를 두어 필요한 열원을 공급받는다.

남부 지방의 요사에는 크고 작은 방 천장 부분에 두꺼운 널마루를 깔거나 혹은 층귀틀을 설치한 2층집을 지어 상부를 고방 등 수납 공간으로 활용한 예가 많이 남아 있는데 중부 지역에서는 별로 발견되지 않는다.

부엌(廚房, 정짓간)

요사의 부엌은 대개 큰방(대중방)이 있는 본채의 남쪽 끝이나 건물이 꺾인 부분에 4칸 또는 6칸통의 넓은 면적을 차지하고 있다. 부뚜막이 큰방 벽 쪽과 꺾인 옆방 쪽에 연결되었다. 'ㄷ자'나 'ㅁ자형'의 큰 요사에서도 부엌은 채의 모서리, 혹은 채가 끝나는

말미에 있으며 긴 방사의 중간이나 다른 모서리에 불아궁이를 갖춘 헛간 등이 배치되어 있기도 하다.

큰 사찰의 요사 후원에는 별동으로 지어진 취사 부엌(반빗간)이나 별설된 한뎃부뚜막 등의 의지간에서 조리하는 경우가 많았다. 이러한 부엌이 송광사, 통도사, 법주사 등 큰 사찰에 아직 남아 있으며, 이들이 점차 간소화되어 대중방 옆의 큰 부엌에서 조리와 취사를 동시에 행하게 되었다. 반빗간을 갖춘 이유는 대중 인원을 수용하는 데 필요한 여러 작업 기능을 원활히 하기 위함인데 배선칸과 찬방, 고방 등을 위아래층에 나누어 배치하거나, 후정에 따로 마련, 짧은 동선으로 수각, 장독대 등과 연결되도록 상관 관계를 맺고 있다.

한 사원 안에 여러 승료군을 갖춘 곳에서는 요사마다 부엌이 갖추어져 있지만 대중 공양을 위한 취사는 한곳에서 행해지고 있다.

그러면 현재 사용중인 대중 요사의 부엌 구조를 살펴보자.

부엌 바닥은 건물의 기단보다 30 내지 60센티미터 가량 낮고, 부엌 옆의 온돌방이나 마루보다는 1미터 이상 낮은 것이 일반적인 형태이다. 아궁이가 있는 맨 밑바닥은 다시 한 단 낮추어 불길에 의한 화기가 함실장과 구들고래에 자연스럽게 순회토록 하였다. 부뚜막은 보통 4자(1.2미터) 이상으로 넓고 높은데 여기에 대, 중, 소의 쇠솥을 걸어 놓고 물, 밥, 국솥으로 구분해 사용한다. 부뚜막이 넓어 밥을 짓거나 풀 때 그 위에 올라앉아 일을 하기도 한다.

부뚜막 윗벽에는 조왕단(竈王壇)을 설치한다. 부뚜막과 부엌을 관장하는 조왕신을 탱화로 마련하거나 글로 써서 벽에 걸어 놓고 작은 나무 선반 위에 다기와 촛대를 얹어 새벽마다 예공하였다.

벽은 판장벽(板張壁)을 주로 하여 상하단에 회반죽한 토벽이 곁들여지고 환기와 채광을 위한 살대 꽂은 개구부가 마련되었다.

출입문은 동선에 따라 2개소 이상 설치되었는데 앞뒷마당으로 통하는 문은 널판으로 짠 쌍지게문으로 하고 툇마루에 연결하는 판문이 있다. 보통 안마당으로 통하는 꺾임 부분에는 문 없이 터놓은 경우가 많으며 방에 직접 들어가는 문을 고려하지 않아 일반 민가 부엌과 다르다.

부엌 천장을 별도 구성하지 않아 휘어진 보와 구부러진 동자주, 서까래 등이 그대로 노출되고 오랜 세월 연기와 그을음에 접해져 요사 부엌은 검고 조악하게만 느껴진다. 합각이나 박공 밑, 날개지붕이 연결된 곳에 트인 개구부를 두어 연기가 빠지게 하였고 의도적으로 작은 솟을지붕을 얹어 환기를 고려하기도 했다.

높은 몸채(軸部)의 방 천장에 널반자를 하거나 층귀틀을 두르고 2층을 구조한 요사에서도 부엌은 통층이 되었다. 이 점이 부엌 위에 누다락을 설치한 민가 부엌과 다르다. 부수 시설과 가까운 후정 또는 내정에 수각을 세우고 수조와 맷돌, 돌절구 등을 놓아 취사 활동의 보조 공간으로 활용하기도 한다.

장독대는 후원의 햇빛 잘 드는 곳에 마련하여 동선으로는 멀더라도 후미진 울 안에 자리를 잡았고, 별도로 돌담을 둘러 가리기도 하였다. ㅁ자형 요사에서는 안마당에 둔 경우도 있다.

한뎃부뚜막 신륵사의 별설된 한뎃부뚜막이다.(오른쪽 위)
부엌 조왕탱을 걸어 놓은 갑사 부엌 안 부뚜막의 모습이다.(오른쪽 아래)

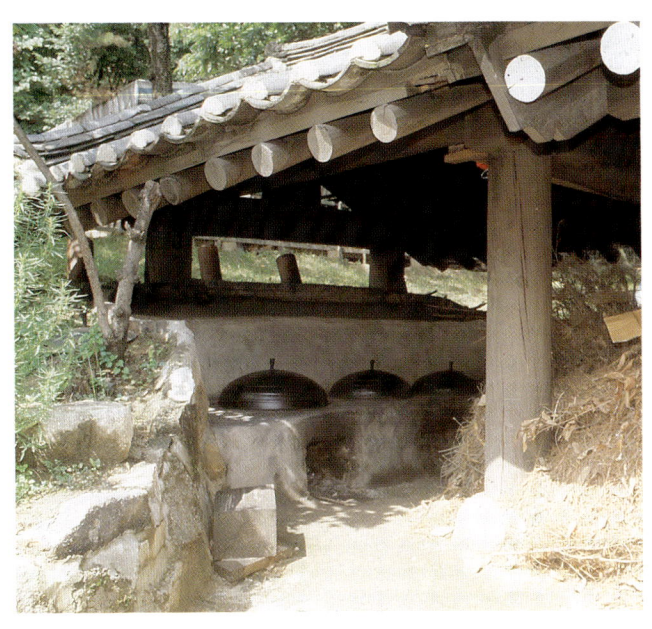

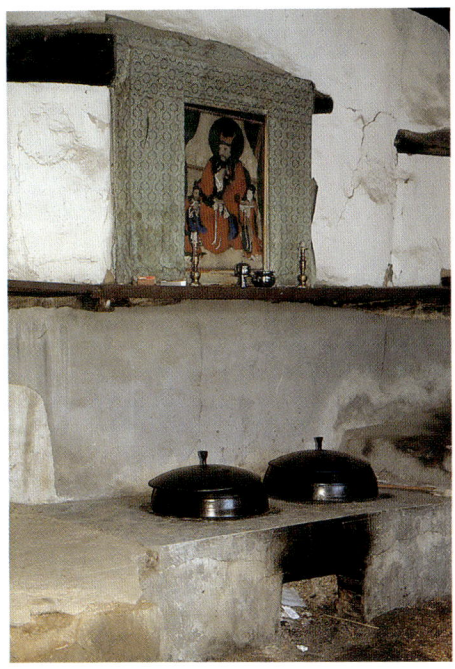

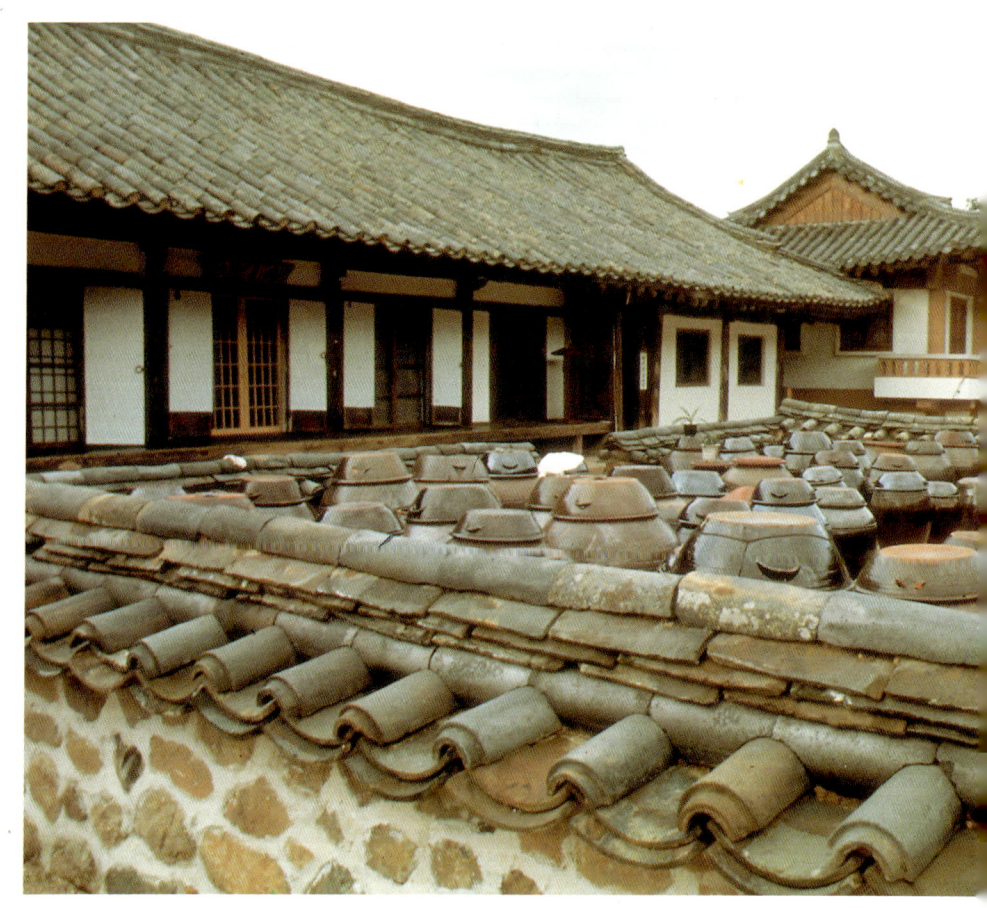

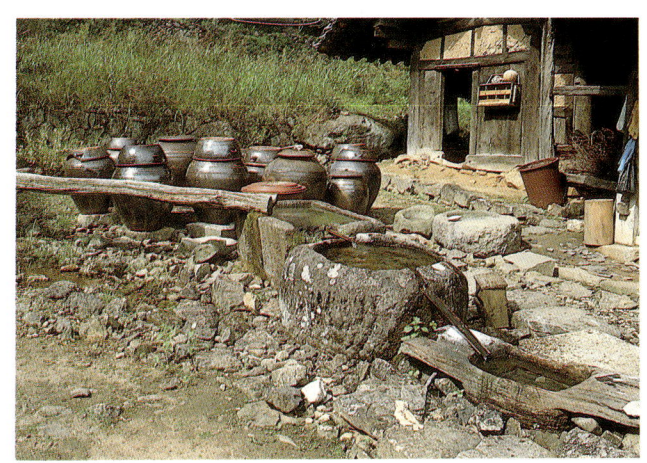

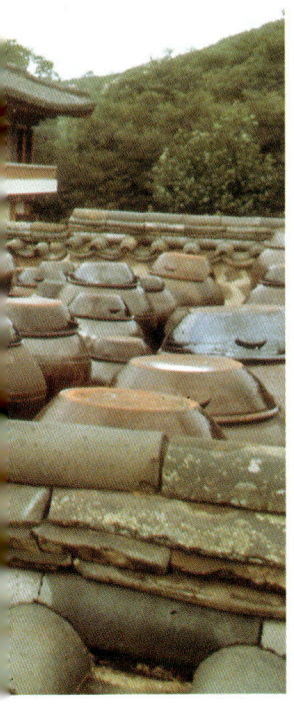

후원의 장독대 장독은 햇빛이 들고 한적한 터전에 자리잡아 정렬되며 그 일곽은 기와 얹은 낮은 돌담을 둘러 객인이나 짐승이 범습하지 못하게 한 다. 왼쪽은 통도사의 중료인 감로당 후원 전경이고, 오른쪽은 운치 있고 정감 어린 생활의 일부분을 보이는 선암사 달마전의 후원 전경이다.

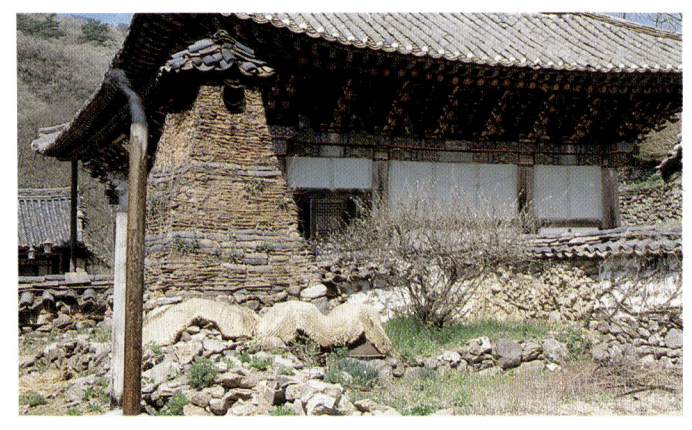

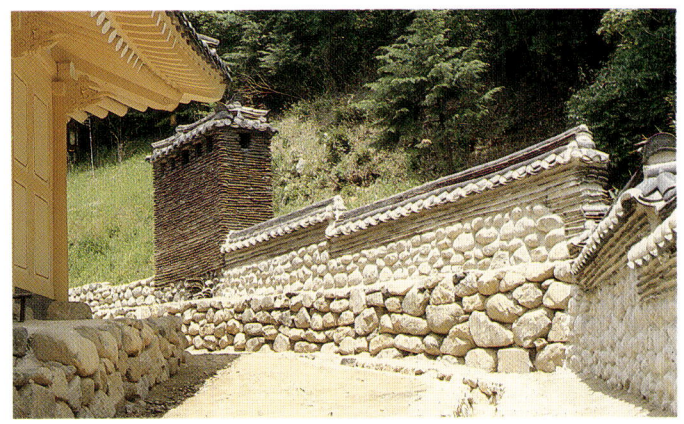

굴뚝 위는 마곡사 심검당 후원의 굴뚝으로 기왓장과 황토를 섞어 쌓아 올렸는데 벽체의 곡선이 아름답고 소담하다. 아래는 해인사 홍제암의 굴뚝으로 돌담장에 어울리게 쌓아 올린 굴뚝이다.

해인사 심검당 굴뚝 대개 굴뚝은 건물에서 떨어진 독립된 형태여서 연가(煙家)라고
하였다. 해인사 심검당 굴뚝은 기와 한 켜, 점토 한 켜씩을 차례로 쌓아 올린 견고한
구조물이다.

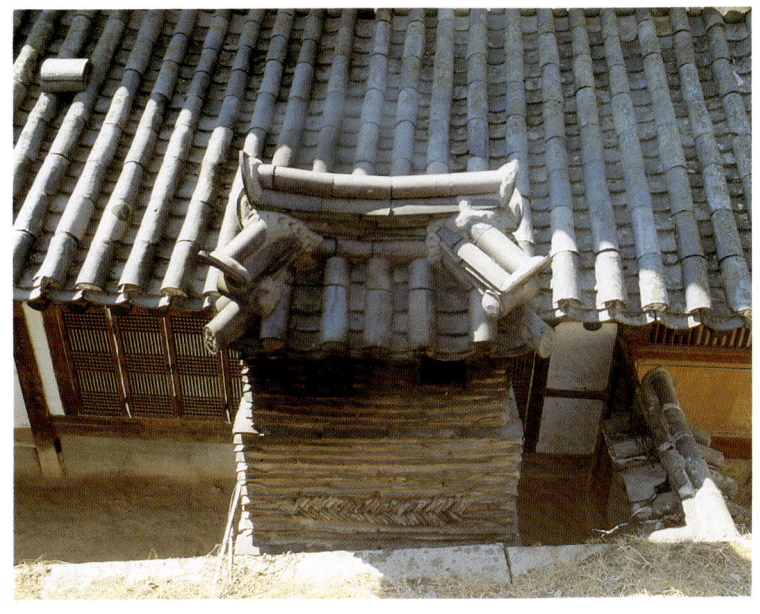

곳간(庫間)·고루(庫樓)

요사 건물은 많은 대중 승속의 삶을 뒷받침하는 곳이므로 양곡과 부식품은 물론 생활 용구나 그릇, 장독 등을 수장할 곳간이 필요하며 또 농사와 절의 부업을 위한 기구, 의례용 제기물을 보관하는 넓은 공간이 요구되었다. 따라서 광, 헛간, 곳간, 고방, 고루 등을 여러 형태로 후원 주변에 마련하였다. 이를 승사나 요사 안에 형성한 것으로는 방과 마루의 중간 칸을 사용하기도 하고 높은 몸채의 천장 속, 지붕 가구 밑 공간을 빈 더그매 형식, 또는 방과 대청 상부에 충귀틀을 설치하고 2층을 지은 것 등이 있다. 이렇게 요사채 안에 수장 공간을 마련한 것 외에 별동으로 창고 건물을 지은 것도 많다.

별채로 지어진 곳간은 단층집보다 2층 누각의 고루가 보편화되었던 듯하다. 취사와 일상 생활에 사용되는 작은 용구는 부엌 또는 불아궁이가 있는 헛간에 간단한 구조로 보관되나 곡식, 부식재, 질그릇에 담긴 식품 등은 부엌 옆이나 요사채 끝에 달린 곳간, 고방 또는 충루 아래층에 저장된다. 흙바닥인 광칸을 곳간이라 하고 구들이나 마루 깔린 것을 고방이라 한다.

절의 고루(또는 단층 곳간)는 요사 내곽에 위치한 것과 사역(寺域)의 외곽에 설치된 것이 각기 다른 용도로 사용되었다. 큰 절에서는 인근 사방에 많은 전답을 경작하였기에 그 소출곡(所出穀)을 저장할 수 있는 큰 규모의 곡루(穀樓)와 방앗간 등이 필요하였다.

또 대개의 사찰에서는 절에서 쓰이는 일상 생활 용품을 직접 생산하여 사용하였다. 많은 사찰에서는 '종이(韓紙)' '차(茶)' '기름(食油)' '직물(織物, 綿布)' '약재(藥材)' '기호식품' 등의 특산물을 산출하여 관가에 봉납하거나 사원 경제를 윤택하게 하였던 관례에 따라 요사 외곽 주변에 여러 채의 창고 건물이 지어졌을 것으로 생각된다. 그러나 현재는 통도사와 해인사 등 몇 개의 사원에만 있다.

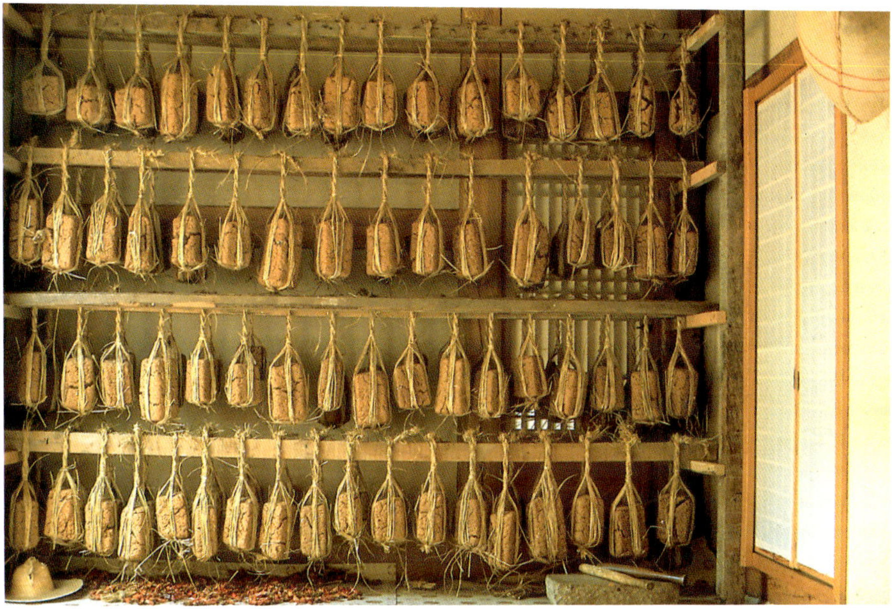

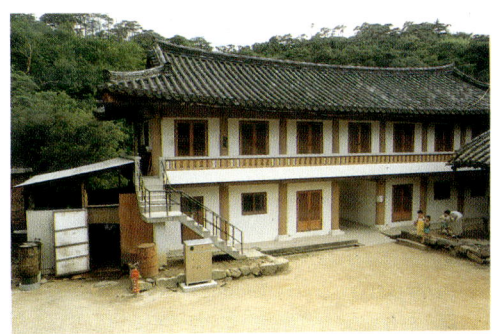

곡루 많은 수의 절 식구들은 공양하기 위해 철 따라 준비하고 보관해 두어야 할 식품들이 많다. 위는 통도사 곡루의 내부 모습이고, 아래는 통도사 후원의 곡루 전경이다.

목욕실(沐浴室), 칙간(側間)

절에서 생활하는 사중 승속(僧俗)들의 생활 공간의 일부인 세면소나 목욕실은 옛 형태대로 남겨진 것이 별로 발견되지 않는다.

승려들의 말에 따르면 따로 목욕용의 건물이 세워졌기보다는 여름에는 절 옆의 깨끗한 계류나 우물이 있는 수각 등에서 세면 및 목욕을 하였고 겨울에는 부엌이나 헛간에서 물을 데워 몸을 씻으며 청신한 몸가꿈을 하였다 한다.

큰 사찰의 뒤뜰에 남아 있는 돌물확(石水槽) 또는 나무구시 등은 공양 준비를 위한 기구이기도 한 반면 대중 승속들의 정결한 심신세찬의 한 도구이기도 하였다. 부엌이나 한뎃부뚜막에 걸린 가장 큰 무쇠솥은 물을 데우기 위한 배려이고 우물가에 지어진 가옥(假屋) 등은 조리는 물론 사중 생활의 다용도 공간이기 때문에 발을 쳐서 몸을 가리거나 밤중에 중욕(衆浴)을 하기에 적절한 집으로 여겨졌으리라 생각된다.

근래에 들어 절의 생활이 점차 현대화되고 강원 등 많은 학인과 스님이 머무는 사찰에서는 별동(別棟)의 건물을 지어 세면장과 욕실로 사용한다. 이들의 예를 법주사와 동학사, 운문사, 송광사, 석남사, 통도사 등에서 볼 수 있다. 이들 근래에 세워진 욕실들은 후원 내정(內庭)의 후미진 곳이나 큰 당우의 지하실에 시설되며 큰 수조와 넓은 바닥의 욕장을 갖추고 급탕 설비 등 깨끗한 시설로 되었다.

산사의 칙간은 대체로 높은 바닥이 누다락집으로 형성되었고 누의 바닥에 설치된 작은 칸막이 안에서 용변을 보게 된다. 대개의 경우는 누(樓) 아래의 공간을 둘러막은 변조(便槽)에 장기간 보관된 분뇨를 건물 뒤쪽의 개구부를 통해 끌어내 간다. 누 아래 변통의 바닥은 약간 경사지게 하여 소분(尿)은 따로 모으거나 직접 흐르게 하여 방류시키고, 건분(乾糞)만이 풀잎 또는 지푸라기 등에 혼합, 퇴적되었다가 충분히 건조된 후 퇴비로 쓰인다.

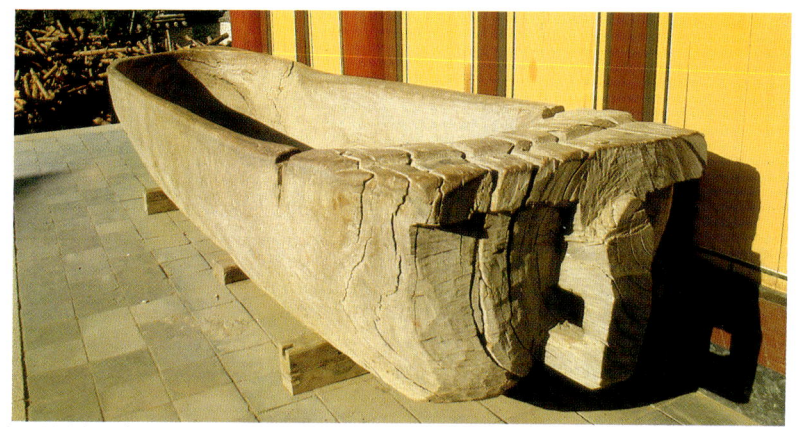

나무 물확(木槽) 큰 절에서는 돌물확 대신 견고한 괴목을 잘라 구덩을 파낸 나무를 건물의 안이나 바깥에 놓아 두고 물확, 식품 보관 용구 등 여러 용도로 사용하였다. 길이 8미터인 송광사의 나무 물확이다.

　건물의 평면은 대개 一자집인 경우가 많으나 송광사 임경당 뒤에 있는 칙간과 같이 출입구를 앞으로 뽑아 낸 T자형 평면을 이룬 곳도 더러 있다. 전면의 입구 쪽은 지면과 같거나 두어 단 정도 섬돌을 딛고 올라서게 하고 뒤쪽은 절벽이나 축대를 쌓은 단지(段地)에 세움으로 해서 누상을 이루었다. 정면 2 내지 3칸에, 측면은 단칸 또는 2칸으로 기둥 위에 보를 걸고 동자주를 세운 간결한 구조로 대개 맞배집이다.

　벽체는 판벽과 토벽이 대부분이고 중방 위를 터놓거나 살대 꽂은 긴 창을 두어 환기와 채광을 도모하였다. 남녀칸이 모두 낮은 판벽으로 나뉜 변칸을 연속 배치하고 두꺼운 널바닥에 궁혈을 내어 변구(便口)로 삼았다. 대소변의 구분이 없이 동일한 변칸을 2줄 배기로 배열한 것이 많다. 근래에 세운 관광지 칙간에는 벽돌조와 타일을 붙여 위생적으로 처리하였으나, 목조집에 기와지붕을 얹고 제거식 변조를 설치한 것이 아직도 여러 사찰에 남아 있다.

주요 사찰의 요사

송광사(松廣寺)

송광사는 전남 승주군 송광면 일대를 차지한 조계산(曹溪山) 서쪽 기슭에 있다.

예로부터 불(佛), 법(法), 승(僧) 삼보 중의 승보 사찰로 고려시대 16국사(國師)를 비롯한 많은 고승 대덕들을 배출하여 선종의 훌륭한 승맥(僧脈)을 이어 오고 있는 큰 절이다.

1920년대에 촬영된 송광사 모습을 보면 경내를 가득 메운 전각들이 처마를 서로 맞대고 연결된 듯 지금의 중심 사역에 빽빽하게 들어서 있다. 6·25 침화 내사시노 80여 농의 당우가 사역에 즐비했음을 알 수 있다. 근년에 들어 '제8차 중창불사'가 진행중에 있어 절의 모습은 재정비, 옛 가람의 형체로 단장되고 있다.

가람 배치의 특색은 중심곽에 대웅보전을 중심으로 전면과 좌우에 대불전과 소불전, 누각, 문, 승료들이 배치되고 대웅전 뒤편에 높은 축단(築壇)을 쌓고 그 상대(上臺)에 설법전, 수선사, 상사당, 하사당 등 설법과 수행처로 사용하는 선방과 국사전, 조사 영각

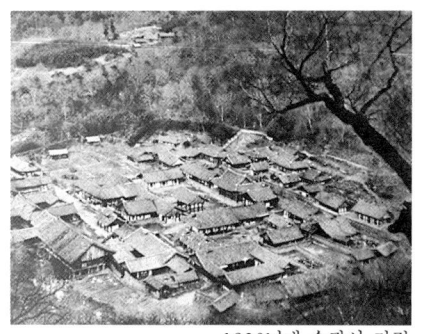

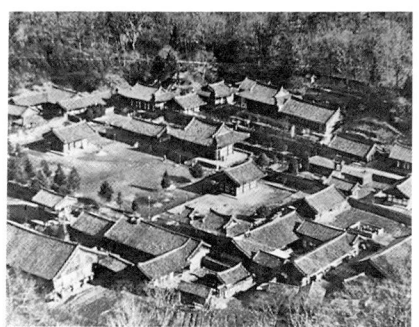

1920년대 송광사 전경　　　　　　　　　1970년대 송광사 전경

등 선대 고승들의 위덕을 기리는 당우들이 배치된 점이다. 이렇게
상단(上段) 지역을 조성, 승보에 관련된 건물들을 집중 배치하여
가람 배치의 특색을 갖춘 것은 승보 사찰인 송광사의 진면목을 보여
주는 것이다.

지금의 가람에서 옛 도량의 모습을 자세히 파악할 수는 없지만
역대 송광사에는 많은 승려들의 거주처가 필요했던 까닭에 큰 승방
수십 채가 여러 지역에 나뉘어 있었다. 이를 대방(大房)이라 약칭하
고 그 중 큰 채 여섯을 따로 육방(六房)이라 불렀다.

옛 육방 가운데 현존하는 승방들은 다음과 같다.

해청당(海淸堂)　현재 지장전 뒤쪽 돌담 안 아래쪽에 있는 ㅁ자
형의 큰 요사채로 지금 송광사의 중심 대중 요사이다. 본채 부분에
대중방을 비롯하여 작은 방들이 연결되고 부엌과 식당, 곳간 등이
있는 꺾임 부분과 안마당 전면에 별채로 된 문간채 등이 어울려
전체 평면은 '트인 ㅁ자'이다. 남쪽엔 따로 일자형 객실이 한 채
세워져 있다. 바닥은 대개 연결되었지만 대중방 부분을 제외한 꺾임
부분은 2층으로 구성되어 내정을 향한 벽을 터놓아 전체가 광으로
사용된다. 각방과 객실의 출입문 옆에는 살대 꽂은 광창이 양쪽

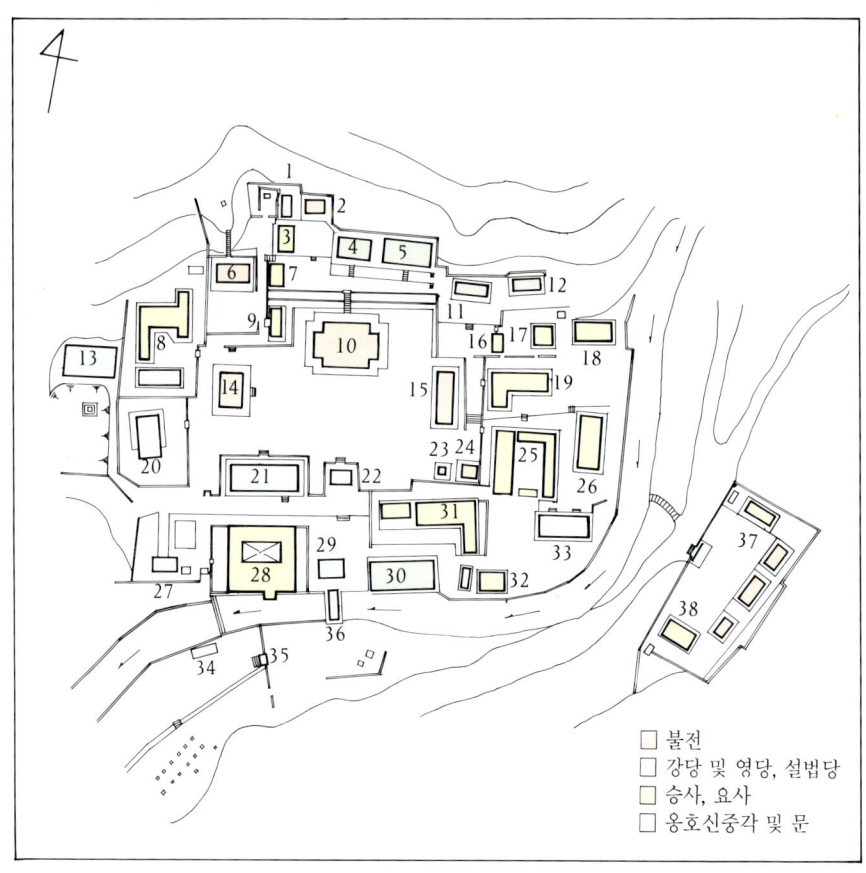

불전
강당 및 영당, 설법당
승사, 요사
옹호신중각 및 문

송광사 가람 배치도

1. 삼성각	8. 문수전	15. 지장전	22. 종고루	29. 천왕문	36. 우화루
2. 응진당	9. 응향각	16. 행해당	23. 약사전	30. 침계루	37. 화엄전
3. 삼일암	10. 대웅전	17. 차안당	24. 영산전	31. 법성료	38. 향로전
4. 설법전	11. 국사전	18. 욕실	25. 해청당	32. 화장실	
5. 수선사	12. 조사영각	19. 목우헌	26. 객실	33. 선열당	
6. 관음전	13. 효봉영당	20. 도성당	27. 화장실	34. 서점	
7. 하사당	14. 성보전	21. 유물관	28. 임경당	35. 일주문	

혹은 한쪽에 배열돼 있어 실용적으로 돋보이며 좋은 운치를 자아낸다. 부엌과 찬간, 2층 광의 둘레 벽도 판벽과 살창, 널문 등이 적절히 섞여 있어 조화된다.

1640년(인조 18)에 창건되었다고 전하는데 송광사 하단부가 불탔던 1842년 화재 때의 피해 여부는 자세히 알 수 없고, 금세기에 들어 몇 차례 중수와 보수를 거쳤지만 비교적 옛 모습을 간직하고 있다. 대중방은 도리칸 5칸의 넓은 방이고 안마당 쪽에 툇마루가 연결되었다. 객사 뒤쪽에 한뎃부뚜막과 채공간이 별도로 마련되고 장독대는 본채 서쪽에 낮은 담장을 둘러 별원(別院)같이 꾸며져 있다.

법성료(法性寮) 중심곽의 단하(段下) 시냇가의 침계루 안쪽에 큰 지붕을 형성한 요사이다. 높은 본채의 남쪽 끝에 익랑처럼 좁은 몸체의 2층집이 ㄱ자로 꺾여 있고, 북쪽 끝에 작은 건물이 이어져 있다. 보칸(樑間)이 넓은 대형 방사(房舍)인 까닭에 예부터 강원으로 사용되며 학승이 기거한다. 1791년에 건립되었다고 전한다.

임경당(臨鏡堂) 시냇가에 열주를 세우고, 누다락을 돌출시킨 독특한 형태의 승방 건물이다. 냇물 위 홍예석교의 우화각(羽和閣)과 조화되어 아름다운 정경을 자아낸다. 본래의 당우는 사방 7칸의 ㅁ자 건물인 듯한데 서쪽(냇가)에 2칸통의 마루칸을 달아내고 다시 누다락을 ㄱ자로 뻗어내 장초석(長礎石)을 냇물에 박고 있는 경쾌한 다락집이 되었다. 본래 임경당은 예사 승방으로 건립되었을 것이나, 시냇가의 운치를 감안, 청루(廳樓)를 달아내서 강독 및 설법의 장소 또는 승려 대중의 휴식처로 변화된 것이 아닌가 생각된다. 지금의 건물은 1797년(정조 21)에 건립되었다.

문수전(文殊殿) 대웅전 좌측, 근래 건립된 승보전 뒤쪽에 별원처럼 꾸며진 대규모 승방이다. ㄱ자로 꺾인 본채의 남쪽 끝에 다시 일자 행각을 붙여 전체 평면이 ㅂ형태이다. 그 전면에 별동의

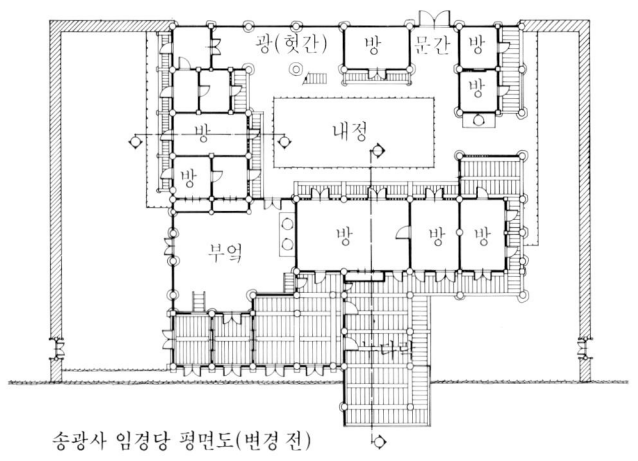

송광사 임경당 평면도(변경 전)

중층 건물(지붕이 중첩된)이 세워져 작은 안마당을 둘러싸고 있다. 1797년에 건립될 당시부터 승사 및 요사로 사용되었으며 지금도 외국인 수행자가 거처한다.

기타 승방 위의 방(현존 4방) 외에도 상대(上臺)에 있는 하사당(下舍堂)과 상사당(上舍堂;현 삼일암)도 예부터 고승 석덕들의 거처와 선방이었다. 상사당은 고참 납자가, 하사당은 신참 납자들이 거처하며 수선했다고 전해지며 현 설법당이 법당으로 쓰이던 시절에는 노전 또는 선객들의 공양처였다고 한다. 건물의 형태는 승사용의 주거 건물형이다. 하사당은 국사전과 함께 조선 초기 건축 양식을 지니고 있어 중요시되며 삼일암은 방장 등 역대 대덕의 처소로 사용된 전통이 있다.

이 밖에도 해청당 주변에 새로 세워진 목우헌(주지실), 행해당, 차안당과 도성당(노승 거처)이 있고, 개울 건너 남쪽에 몇 채의 승사와 요사들이 별원을 이루고 있다.

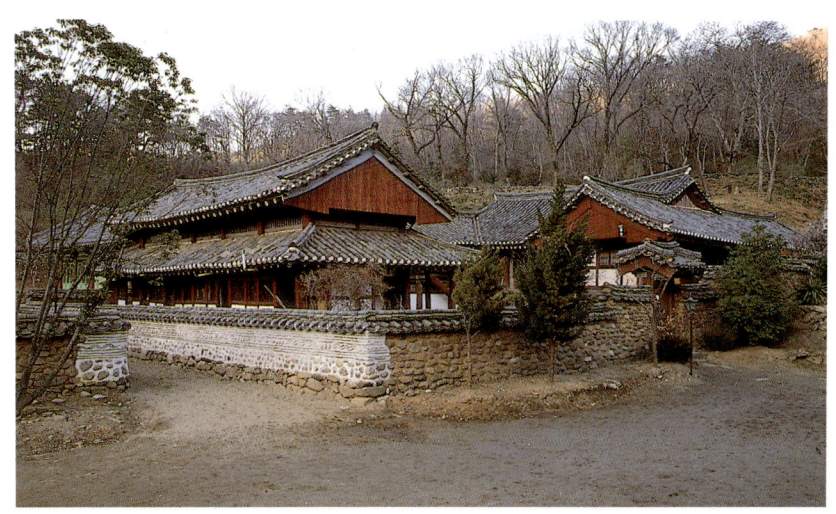

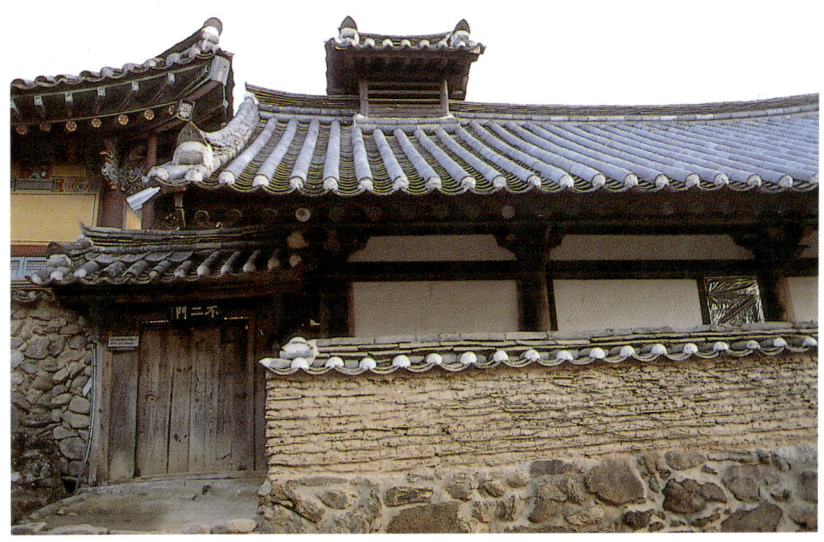

문수전 일곽　송광사 육방 가운데 하나로 기와지붕을 중첩시킨 독특한 승방이 이채롭
　　다.(위)
　하사당과 상사당　대웅전 뒤 상대(上臺)에 조성된 고승 대덕들의 거주처였다. 정짓간
　　지붕 위에 환기용 솟을지붕을 설치했다.(아래)

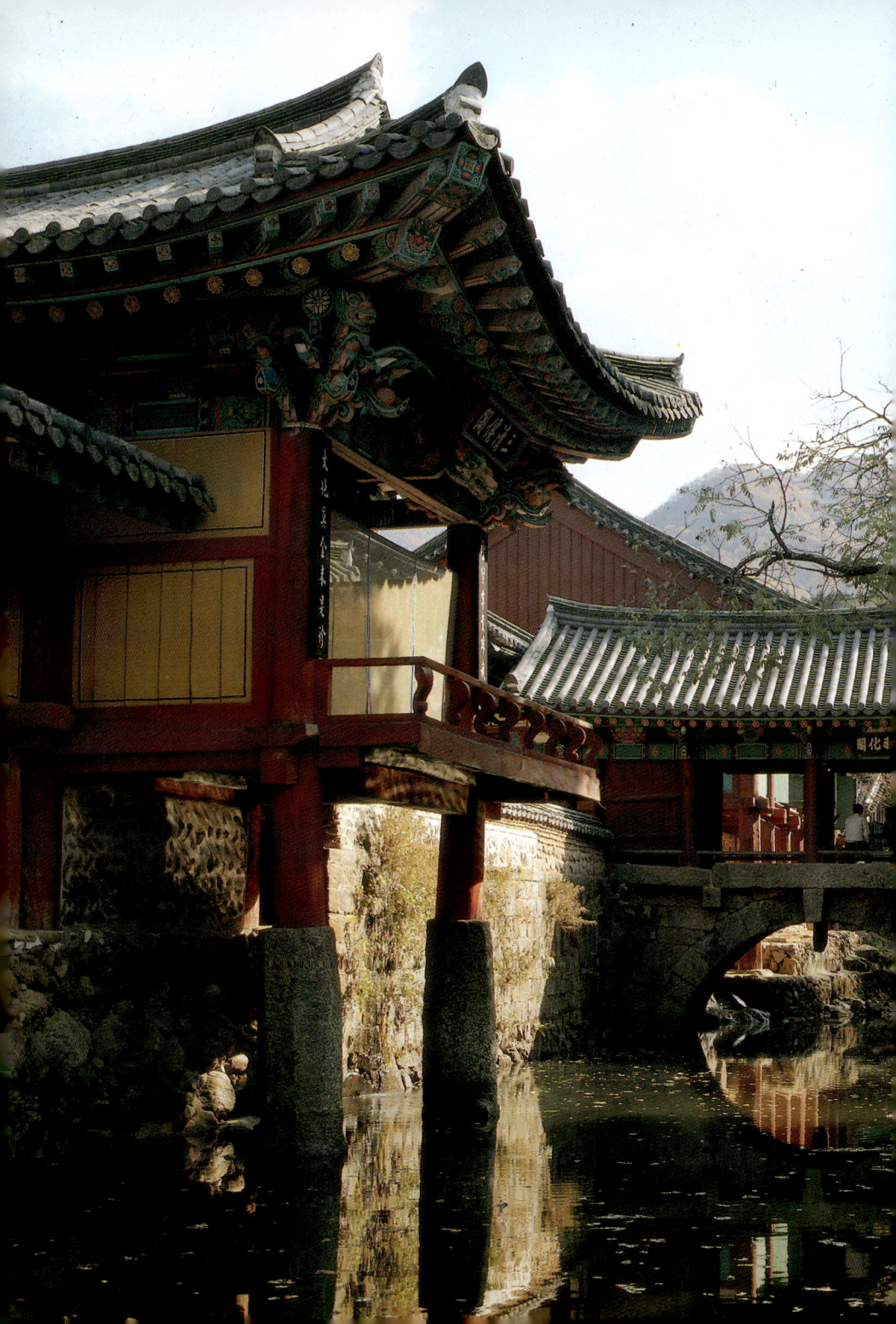

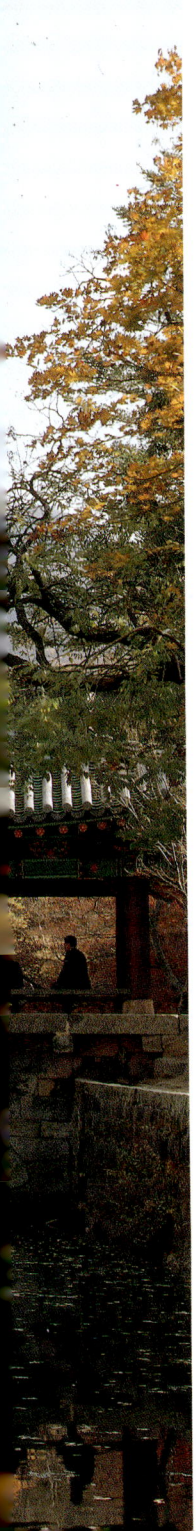

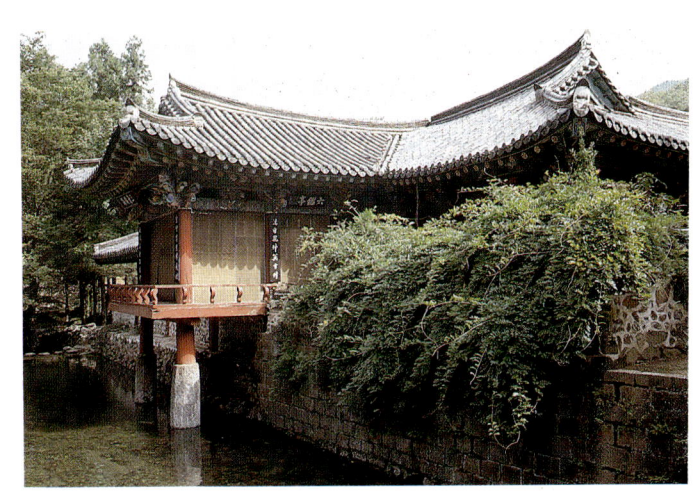

임경당 계류에 장초석(長礎石)을 묻고 누를 돌출시켰다. 냇물에 투영된 모습이 홍예 석교 위의 우화각과 어울려 신비스럽고도 아름다운 정경이다. 왼쪽은 우화각과 임경 당 전경이고 오른쪽은 우화각에서 본 임경당의 모습이다.

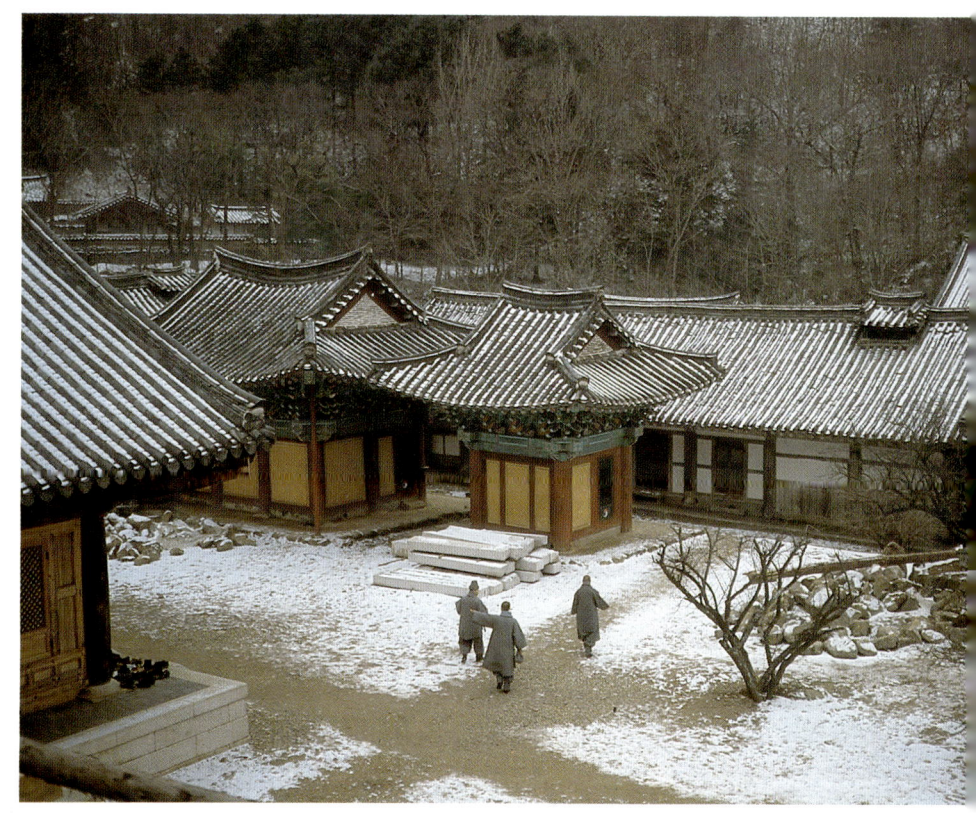

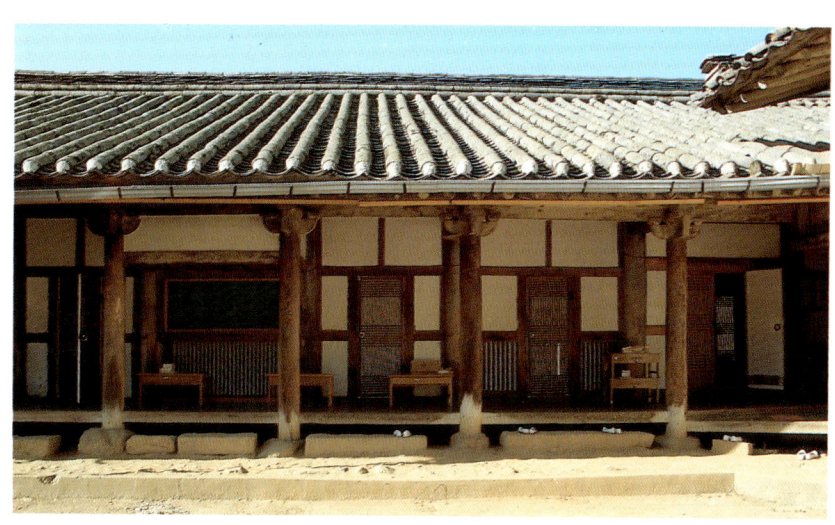

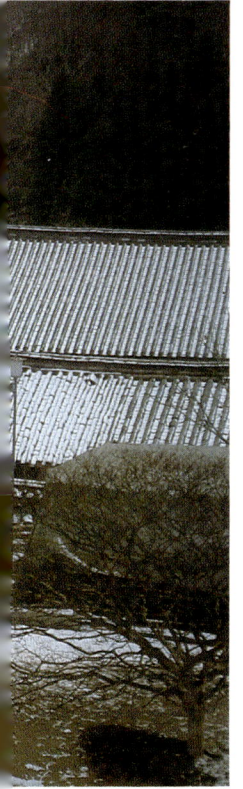

법성료 주변 송광사 중심곽 하단부의 요사 일곽이다. 단청을 한 불당은 약사전과
영산전이다.(왼쪽)
해청당 송광사 중심 대중 요사인 해청당의 큰방이다. 방문 옆에 낸 광창이 실용적으로
돋보이고 좋은 운치를 자아낸다.(오른쪽)

통도사(通度寺)

삼보 가운데 불보의 종찰인 통도사는 경남 양산군 하북면의 영취산(靈鷲山) 아래에 있다.

사역 전체가 냇물을 낀 평탄지에 자리잡았고 넓은 도량엔 60여 동의 전각과 당우가 가득 들어서 있다. 이 가람의 특성은 전체 가람이 상로전(上爐殿), 중로전(中爐殿), 하로전(下爐殿)의 3개 구역으로 나뉘어 중복 배치된 점인데, 각개의 노전 구역에는 중심 법당과 이에 딸린 전각 한두 채, 그리고 문과 요사 등이 갖추어졌고 노전이 한 채씩 있어 각기 독립된 사찰과 같은 양상이다.

이와는 별도로 대중 승려들이 집단으로 거처하는 대중 요사가 중로전 구역 남쪽에 집중 배치되었다. 중로전 구역 북쪽에는 강원과 판도방들이 줄지어 들어선 몇 동의 승방이 따로 있다.

일로향각(一爐香閣) 상로전 구역의 노전채이다. 1757년(영조 33)에 창건되었지만 현 건물은 1968년에 재건된 것이다. 낮은 옛 건물에 비해 매우 높고 웅장한 노전으로 변했다. 전에는 불전에 올리는 공양을 짓기 위해 향목(香木)을 쌓아 두는 곳간이 따로 있었다고 전해진다. 사명대사가 통도사에 향적전을 지었던 기록이 있으니 이 건물이 바로 그 노전이었던 듯하다.

통도사 가람 배치노 (오른쪽)

1. 방장실	10. 금강계단	19. 개산조당	28. 패엽당	37. 영산전	46. 박물관
2. 요사	11. 요사	20. 전향각	29. 요사	38. 범종루	47. 창고
3. 보광전	12. 객실	21. 요사	30. 화엄전	39. 극락전	48. 일주문
4. 삼성각	13. 감로당	22. 요사	31. 불이문	40. 명월료	49. 창고
5. 일로향각	14. 세존비각	23. 원통방	32. 약사전	41. 하로전	50. 창고
6. 응진전	15. 해장보각	24. 관음전	33. 영각	42. 가람각	51. 화장실
7. 주지실	16. 장경각	25. 용화전	34. 요사	43. 천왕문	
8. 명부전	17. 식당	26. 대광명전	35. 만세루	44. 요사	
9. 대웅전	18. 석탑	27. 황화각	36. 삼층석탑	45. 금당	

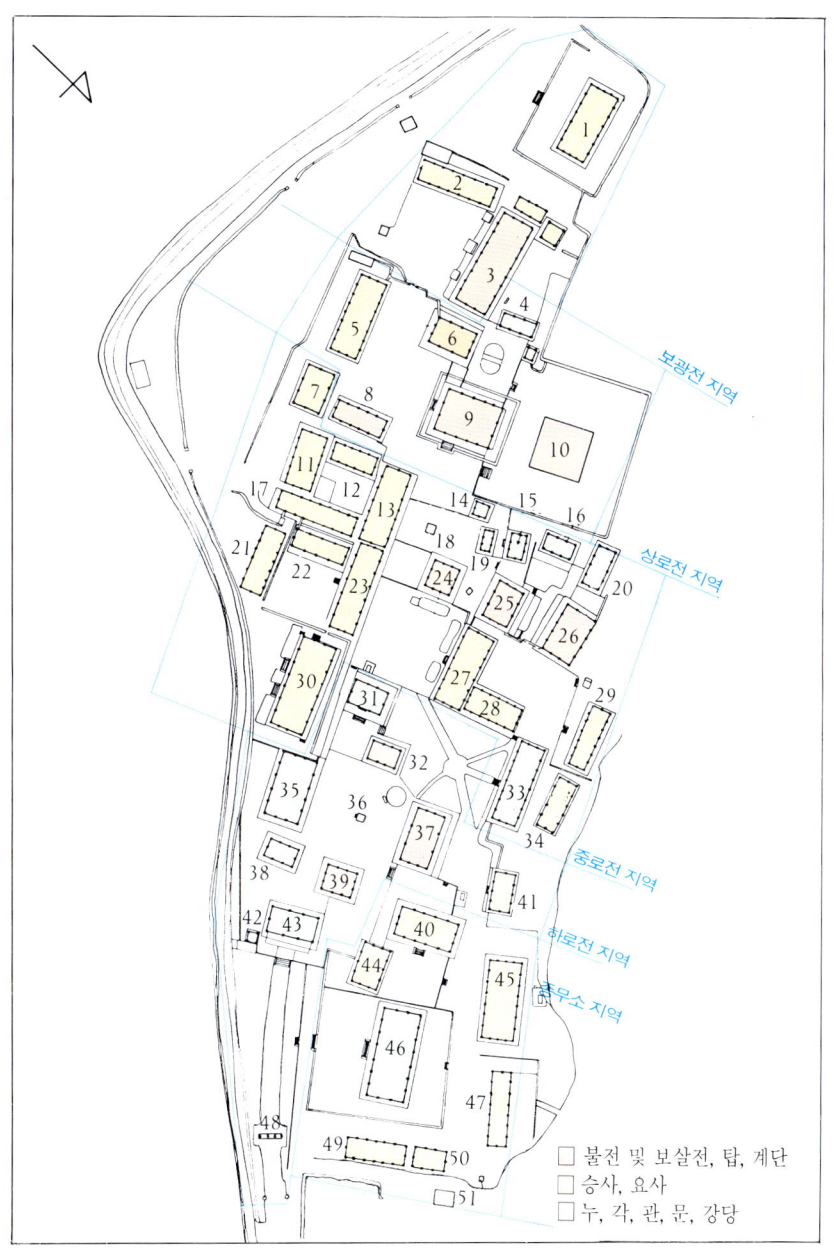

보광전 지역

상로전 지역

중로전 지역

하로전 지역

종무소 지역

□ 불전 및 보살전, 탑, 계단
□ 승사, 요사
□ 누, 각, 관, 문, 강당

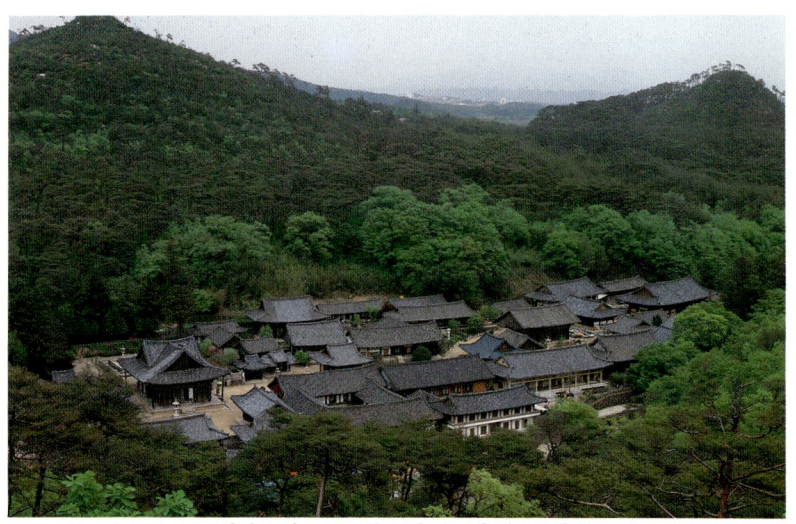

통도사 요사 통도사의 요사는 중로전 구역 남쪽에 집중되어 있는 것과 하로전 구역에 여러 동의 요사채와 창고가 있는 두 지역으로 구분된다.

전향각(篆香閣) 중로전 지역의 4개 법당을 관리하는 분수승 처소이다. 정면 4칸 측면 2칸의 낮은 일자형 건물이다. 각 방마다 상하 교차 배치된 살창이 독특하다. 1757년 초창된 후 여러 차례 중수되었으나 비교적 옛 모습을 보이고 있다.

대중 요사(大衆寮舍) 중로전 구역내 남쪽, 중료(衆寮) 지역에 9동의 건물들이 들어선 집단 후원이다. 건물은 '트인 ㅁ자 형' 'ㄷ자 형'으로 둘러싸여 2개의 내정을 갖추고 돌담을 둘렀다. 편액명은 '감로당' '원통방' '화엄전' '탑광전(주지실)' 등과 무명의 채공소 (식당 겸용), 객사 2동, 요사 1동, 곡루 등 전체가 160여 칸 310평 에 이른다. 이 중 감로당이 대중 스님들의 일상 생활을 담는 후원의 중심 건물로 정면 5칸통의 대중방과 부엌칸, 툇마루 등으로 구성되 었다. 이웃한 원통방과 화엄전은 법회나 큰 행사 때에 대중을 수용 하는 큰 방사이다. 근래에 화엄전이 새로 중건되기 전에는 80여

표2. 통도사 각 노전 지역내의 전각 배치 상태

	불, 보살을 모신 법당	기타 전각	노전·승사·요사
상로전 지역	금강계단, 대웅전, 응진전, 명부전	삼성각, 산신각	일로향각(노전)
중로전 지역	대광명전, 용화전, 관음전, 해장보각	개산조당, 장경각, 황화각(강원), 영각, 불이문	전향각(노전), 원통방, 감로당, 화엄전, 탑광실, 요사4동, 객실, 식당, 곡루
하로전 지역 (종무소 구역 포함)	영산전, 극락전, 약사전	만세루, 가람각, 천왕문, 범종각, 일주문, 박물관	하로전(노전) 명월료, 금당, 창고 1,2,3, 요사
선원	보광전		방장실 요사 1,2,3

개의 방을 가진 'ㅁ자형' 요사였는데 주변의 여러 건물을 헐어 지금과 같은 넓은 뜰을 만들었다.

종무 관장의 요사 영산전 뒤의 하로전(下爐殿)과 종무소로 사용되는 '명월료', 종무 관장 승려 거처인 '금당' 및 별채의 요사 1동과 이에 부속된 창고 3동이 새로 건립된 박물관 주위에 배열되어 종무소 일원을 형성했다. 이 중 목조 2층 창고는 구조가 더러 변경되었어도 성관을 이루었던 대찰의 살림 규모를 보여 준다.

선원 소속 방사 사찰 서쪽 끝 선원 구역에 큰 선방인 보광전이 一자집으로 배치되어 8칸통의 대선실과 작은 선방들, 전후 툇마루와 부엌 등으로 구성되어 있다. 그 옆에 판도방이 2줄로 배열된 큰 별채 건물과 부속 요사 2동, 욕실 등과 함께 배치돼 있다. 맨 끝엔 큰 규모의 방장실이 별도의 담을 두르고 있다. 여기 선원에 소속된 방사들은 1757년 중건된 후, 일부는 근년에 개축되기도 하였는데, 근세 통도사는 물론 한국 불교계를 풍미하던 당대의 고승 대덕들이 기거했던 방사로 유명하다.

선암사(仙巖寺)

선암사는 전남 승주군 승주읍 죽학리 조계산 동쪽 계곡에 있다. 백제 후기(529년경)에 개산되고 통일신라 말 도선(道詵)이 창건했다고 전해지는데, 고려 때(1092년) 대각국사 의천이 중건, 사세를 확장하였다. 그 후 거듭된 화재로 모든 당우가 소실돼 폐사되다시피 한 것을 1825년(순조 25)에 재건하여 오늘의 사황을 유지한다. 따라서 지금의 당우는 모두 조선 후기 건물이고 3층석탑 2기와 부도 등의 석물만이 고려시대 선암사의 면모를 보여 준다.

선암사에는 '대웅전' '원통전' '팔상전' '응진전' '명부전' 등 불전과 '만세루' '일주문' 들이 있지만 비교적 옛 모습을 간직하고 있는 요사(寮舍) 건물이 네 곳에 배치돼 있어 주목하게 된다. 이들 요사들은 약간씩 떨어져 제각기 승방 일원을 이루고 있는데 대웅전을 향해 오른쪽에 심검당, 왼쪽에 설선당이 있고 설선당 뒤쪽에 창파당과 천불전이 배치되었다. 각 채의 평면이 모두 완전한 'ㅁ자형'이고 2층을 구성하여 각기 돌담을 둘러 그 안에 우물과 장독대, 작업 공간을 갖추어 후원 생활을 편리하게 하였다.

이 가운데 중심 요사로서 대중 공양과 예절이 행해지는 당우는 설선당이다. 각기의 요사가 평면 구성이나 기능이 완전히 독립된 대중 요사로 되었는데 한 절에 여러 채가 병설돼 있는 점이 눈길을 끌게 한다. 그만큼 이 절엔 많은 승려들이 주석해 왔다는 증거이다. 건물의 구조와 양식을 보면 심검당과 설선당이 먼저 세워지고 (순조대 재건시) 창파당과 천불전은 후대에 증설 또는 중건된 것임을 느끼게 한다.

창파당은 일제 때 건립되어 강당으로 사용했고 근래엔 절에서 일하는 처사와 속인들이 거주했다고 한다. 천불전과 창파당, 응진당 옆의 달마전 등은 일종의 사내 암자의 성격이 되어 설선당, 적묵당

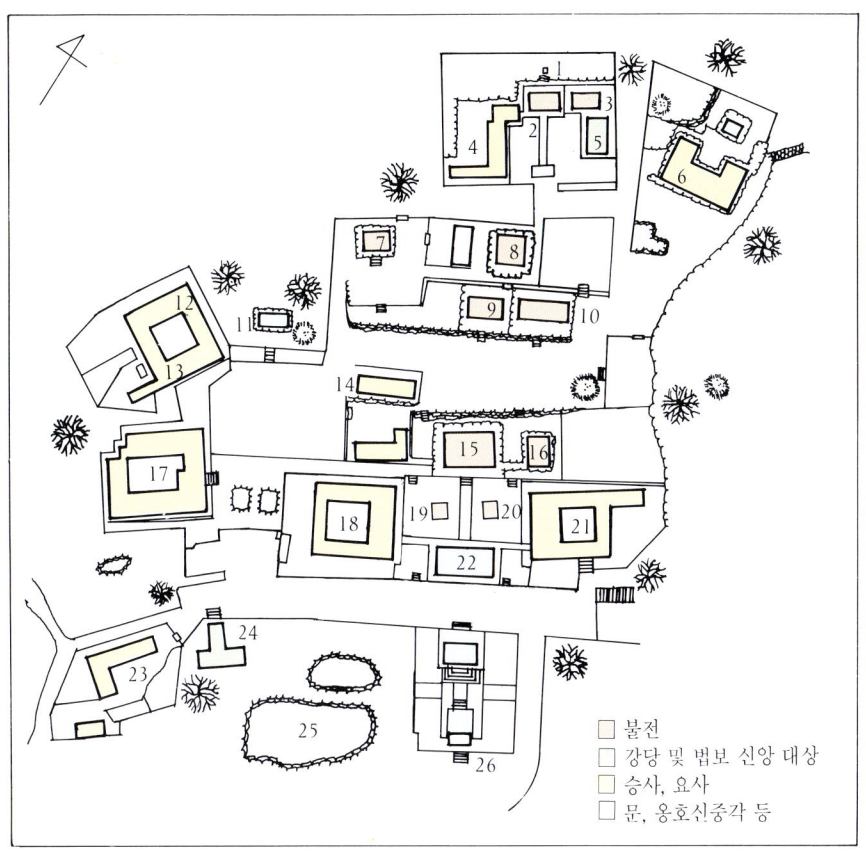

선암사 가람 배치도

1. 산신각   6. 선방   11. 삼성각   16. 지장전   21. 심검당   26. 일주문
2. 응진전   7. 장경각   12. 무량수각   17. 창파당   22. 강당
3. 비로전   8. 원통전   13. 천불전   18. 설선당   23. 해천당(객사)
4. 달마전   9. 불조전   14. 식당   19. 석탑   24. 화장실
5. 진영당   10. 팔상전   15. 대웅전   20. 석탑   25. 연못

□ 불전
□ 강당 및 법보 신앙 대상
□ 승사, 요사
□ 문, 옹호신중각 등

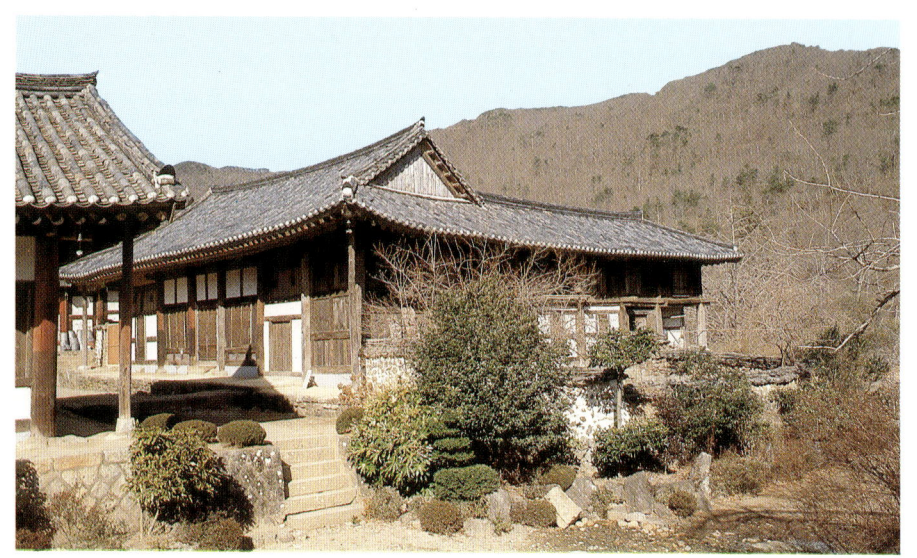

에 머무는 승려들과는 별도로 사중 생활을 해왔을 것으로 짐작된다. 선암사의 오랜 역사 중에는 각 요사들이 별원(別院)으로 운영되던 시기도 있었을지 모르지만 지금은 설선당을 중심으로 대중 생활이 이루어지고 각 요사에는 사중 소임을 맡은 승려들과 객승들이 분산 거처하며 수도와 선방 등으로 사용되고 있다.

선암사 요사채의 특징을 정리하면 네 곳에 배치된 대중 요사가 모두 'ㅁ자형' 평면으로 된 점, 각 요사마다 안마당 쪽에 넓은 대청을 갖고 있어 민가 건물과 같은 평면 구성인 점, 2층집으로 위층 전체를 수장 공간으로 활용하는 점 등으로 요약된다.

현재 선암사는 태고종의 수사찰이 되어 20여 명의 대처승이 거주한다 하여 요사의 평면이나 구조에서 특별한 변화는 발견되지 않는다. 비록 가족을 가진 승려라도 가정 생활은 사찰 밖에서 별도로 행해짐이 통례화되어 산중 작은 암자류를 제외하고는 요사 건물에 변형은 없는 듯하다.

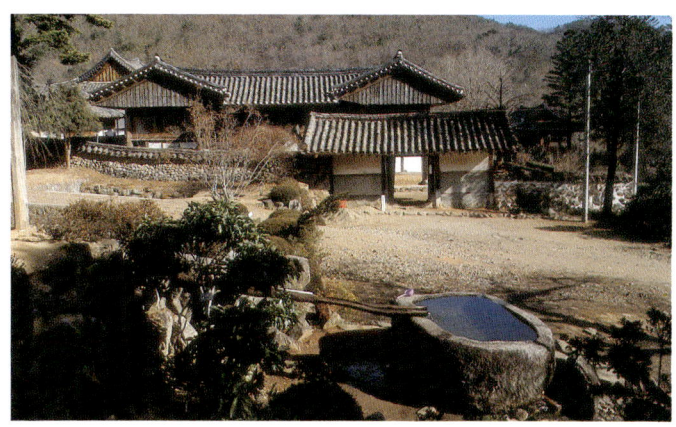

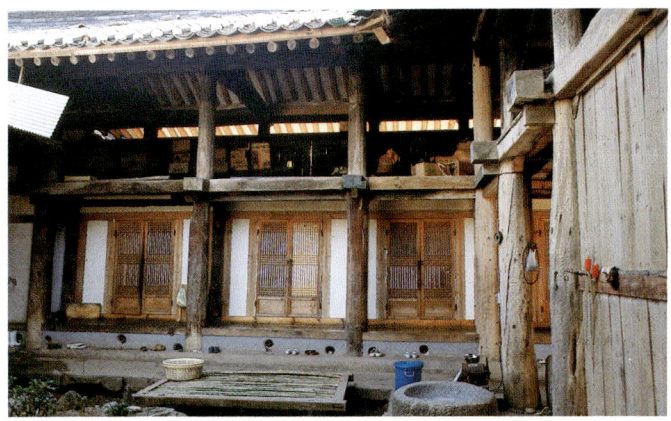

선암사 요사 큰방 옆에 넓은 대청을 갖는 것이 선암사 요사채의 특징이다. 왼쪽은
완전한 ㅁ자 평면인 심검당으로 높은 몸체에 2층을 구성하여 상층은 곳간으로 활용
하였다. 오른쪽 위는 현재 선암사의 중심 대중 요사로 사용중인 설선당 전경인데
문간채를 두고 담장을 두른 모습이 민가와 같다. 오른쪽 아래는 설선당 내정의 모습
이다. 아래층에 구들 놓은 방들이 배열되고 위층 전체가 벽 없이 터 있어 수장 공간으
로 사용된다.

대흥사(大興寺)

　　전남 해남군 삼산면 일대의 대둔산(일명 두류산) 기슭에 있는 대흥사는 수려한 산세에 의지, 면면히 선풍(禪風)을 이어 오는 호남의 대찰이다. 오랜 역사 속에 13명의 대종사와 13명의 대강사를 배출한 이 절의 시작은 삼국시대로 거슬러 올라간다고 한다.

　　대흥사 가람은 대체로 4개의 건물군으로 나누어 볼 수 있다. 현재 사찰의 중앙부를 차지한 남원(南院)인 천불전 주위 일곽과 개울 건너 대웅전이 있는 북원(北院)의 일곽, 그리고 서산대사의 호국충정을 기리는 표충사 지역, 또 하나는 본사역으로부터 300여 미터 떨어져 초의선사(草衣禪師) 다도 선풍(茶道禪風)의 터전이던 대광명전 일곽이 그것이다.

백설당 대흥사의 중심 요사채로 '터진 ㅁ자형' 평면이고 중방 위에 더그매 구성하여 수장처로 활용했었다. 보칸(樑通) 너비에 따라 지붕마루의 높이가 서로 다르다.

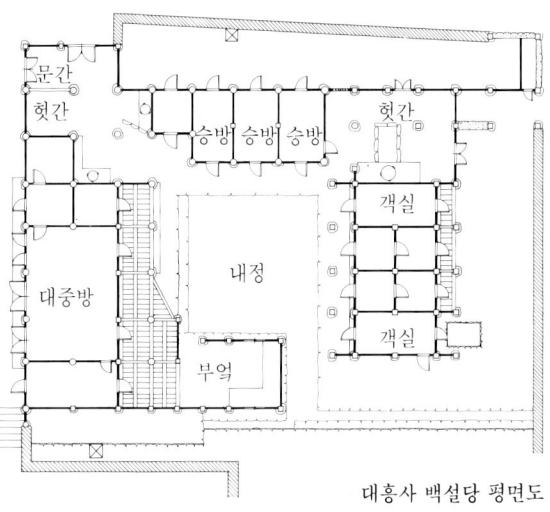

대흥사 백설당 평면도

옛 사찰 기록인「대둔사지」(1823년 초의선사 등이 편함)에 보면 북원에 24개 당우, 남원에 12개의 당우가 있었고,「죽미기(竹迷記)」에 보면 4원, 6전, 7루, 3문, 14당, 15료의 거대한 가람이었음을 알 수 있다. 특히 조선시대 후기에는 대흥사 사원 경제를 뒷받침하기 위해 승속과 지방 관리들이 합심하여 보사청(補寺廳)을 설치하고, 각지에 흩어진 농토를 관장, 경작해 온 수많은 승려들이 여기에 거처했던 사실이 밝혀졌다. 위에서 본 14당, 15료 등이 모두 이를 수용하던 건물들이었으리라 생각된다. 그러나 지금은 그 때의 흔적을 살필 수 있는 중료(衆寮)와 소출곡을 저장하던 창고는 별로 남아 있지 않다.

지금 대흥사의 대표적 승방(요사)은 백설당이다. 북원의 대웅전 옆에 있으며 여기 큰방에서 모든 대중 법요가 행해져 중심 요사라 할 수 있다. 처마 밑엔 '무량수각'이라고 쓴 추사필의 편액이 걸려 있다.

건물의 평면형은 '트인 ㅁ자형'으로 법당 앞마당을 향한 동쪽에

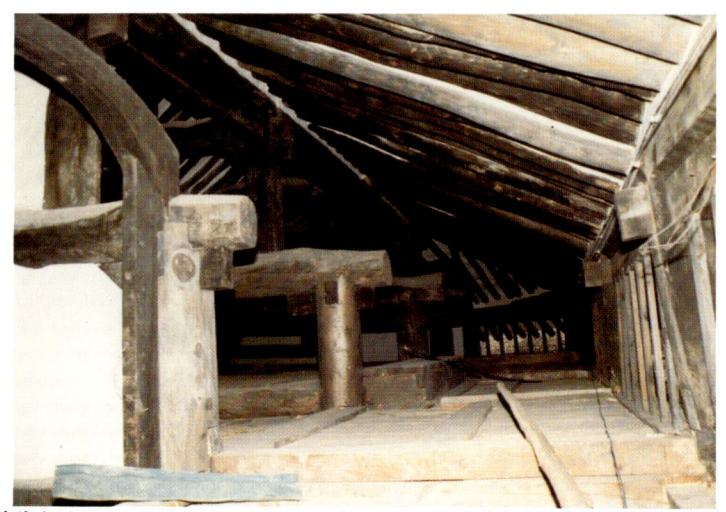

용화당 지붕 속 두꺼운 널마루를 깔아 더그매 공간을 마련하여 곳간으로 사용한다.

6칸 대방과 내정 쪽의 툇간을 합해 넓은 보칸을 가진 고량대실(高樑
大室) 남쪽 끝에 부엌칸이 서쪽으로 꺾여 작은 승방과 헛간 등이
배열되었고 마당 서쪽 가장자리에는 작은 방들이 2줄로 배열되었는
데 현재 객실 등으로 사용한다. 근래에 보수할 때, 북쪽의 취사칸을
분리, 별동의 부엌으로 꾸몄다. 또 높은 방 벽의 중방 높이에 두꺼운
널반자를 깔아 상부를 다락으로 사용하던 옛 구조를 터서 천장을
높였다. 외부 단층, 내부 2층으로 활용한 재래의 수장 공간(더그매
집)의 옛 모습을 볼 수 없게 된 점이 안타깝다.

　안마당을 중앙에 두고 사방으로 둘러싼 요사의 사변지붕은 그
용마루 높이가 각기 다르게 연결되었고 부엌과 헛간이 있는 꺾임
부분에 눈썹지붕을 달아낸 재미있는 형태이다. 막돌을 쌓아 회줄눈
친 담장이 후원 생활을 아늑히 감싸 준다. 건립 연대는 분명하지
않으나 대웅전이 건립되던 1667년(현종 8) 이후의 건물로 생각
된다.

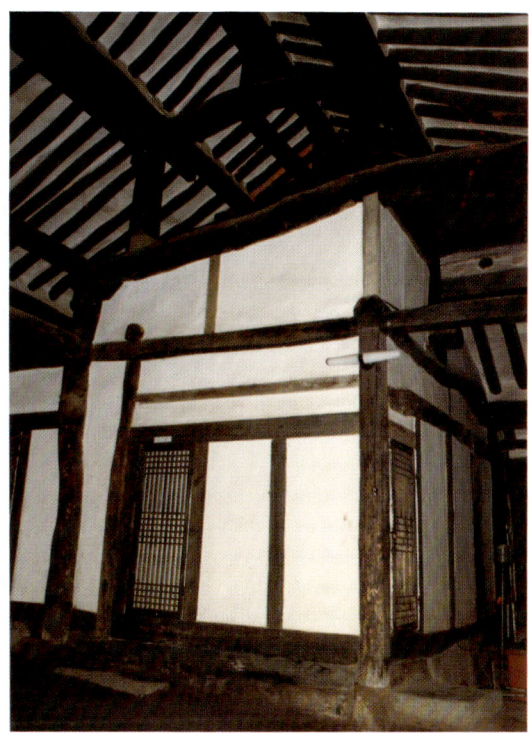

용화당 부엌 천장 가구

대흥사에서 주목할 만한 또 하나의 요사는 천불전 내정 남쪽의 용화당(龍華堂)이다. 1811년(순조 11) 천불전과 함께 불탔다가 이듬해 중건했다고 하는데 본채는 정면 7칸, 측면 4칸의 높은 더그매집에 2칸통의 낮은 날개집을 'ㄱ자'로 접속하여 별도의 담장을 둘렀다.

이 밖에도 대흥사의 승방 건물로는 노전인 봉향각과 동국 선원 건물(현 주지실)이 간결하면서 청초한 맛을 풍기고, 표충사 승당도 꽤 위풍 있고 견실한 승방이다.

은해사(銀海寺)

경북 영천군 청통면 치월동 일대의 팔공산 기슭에 소재하나 평탄한 대지에 사원을 조성하여 평지 가람과 다름없다. 산내 암자인 운부암(雲浮庵)과 백홍암(白興庵), 서운암(瑞雲庵), 거조암(居祖庵) 등이 깊숙한 산릉 계곡 여기저기 흩어져 있는 것과 달리, 맑은 시내를 안고 대체로 남향하여 도량을 이루었다.

조선시대의 가람 배치 통례에 따라 대웅전과 누각, 문을 남북 자오선에 맞추어 배열하고 동서에 심검당과 설선당 및 요사를 대립하여 장방형 중정을 형성했다. 보화루(寶華樓)와 호지문 사이의 하단 지역도 중심축으로부터의 거리 차는 있으나 종무소 건물과 승방군이 양쪽으로 나뉘어 있다.

따라서 은해사 도량에는 승방과 요사군이 하단, 중단의 양편에 각 1개씩 배치되어 모두 4곳에 승원이 있는 셈이다. 거의 평지 가람이 된 까닭에 사문(寺門)이나 법당이 같은 높이의 대지에 자리하였고 누각도 바닥에 가까운 높이의 평루이다. 법당 앞의 양쪽 당우는 그 기단간의 거리가 14.5미터 가량으로 비교적 가까이 있기 때문에 두 건물의 처마 끝은 북쪽에서 대웅전 추녀 밑을 깊숙히 파고 들어갔고, 남쪽 처마 끝은 보화루 지붕과 맞붙어 있는 좁은 형태의 중정이 있었다. 근래 보수할 때에 서쪽의 설법당은 뒤쪽으로, 남쪽의 보화루는 친웡문 쪽으로 몇 미터씩 밀러 이건하여 중정 공간에 다소간 여유가 생겼다.

심검당은 은해사의 중심 요사이다. 큰 대중방 뒤쪽에 부엌과 채공소를 ㄱ자로 꺾어 붙이고 북쪽에 작은 승방채가 접속되어 이루어진 'ㄷ'자 평면의 내정 동쪽에 따로 2층 목조 고루가 배치돼 전체적으로 '트인 ㅁ자형' 후원이다. 고루 북쪽 끝에서 다시 객실동을 ㄱ자로 꺾어 붙여 하나의 거대한 승료가 되었다. 비교적 넓은 안마당엔 장독대와 수돗간, 흙과 기왓조각으로 쌓아 올린 굴뚝 등이 중층 곳간 벽의 살대창(窓)과 어울려 주생활 공간의 아늑한 분위기를 보여 준다.

정면 7칸, 측면 2칸의 2층 고루는 아래층을 전체가 넓게 트인 광으로 사용하고 옥내에 나무 사다리를 설치하여 두어 칸으로 나누어진 위층은 곡루 및 생활 용구 또는 건식품(乾食品) 저장고로 사용된다. 두툼한 층귀틀 사이에 청판을 깔아 층상(2층바닥)을 만들고 간결한 구조로 기와지붕을 얹었다. 위아래층 모두 앞과 뒤의 벽에 넓은 살대창을 붙박이로 설치해 채광과 환기 및 습도 조절 기능을 하게 되었다. 이러한 2층 구조의 고루가 종무소 건물 후원에도 또한 채 있어 사중 살림의 규모와 참모습을 살펴볼 수 있게 한다. 고루 뒤쪽의 넓은 마당에서 장작을 마름하고, 보관하며 그 일각에 칙간을 두었다.

심검당 건너편에 있는 설법당(옛명은 설선당)도 ㄷ자형 당우로 그 후정과 남쪽에 여러 채의 승방 또는 객사, 사중 거처 속인들의 거처집이 딸린 큰 규모의 승료였다. 지금도 사지 서편에 설법당과 ㄷ자형 요사를 비롯하여 一자형 승방 3채가 남아 옛 용도로 사용되나 보수할 때 설법당은 뒤로 뻗은 양 익사(兩翼舍) 부분이 제거된 채 후방으로 옮겨 개축되었다.

은해사 도량은 남북의 종축보다 횡으로 더 넓게 퍼진 장방형 가람이다. 경북 지방 동부의 5개 시군 사암을 관장하는 교구 본사로서 부속 사암을 여러 개 거느리고 있으나, 대개의 건물이 조선 후기에 세워져 고찰의 풍모나 본산다운 품격과 정제된 점은 부족하다.

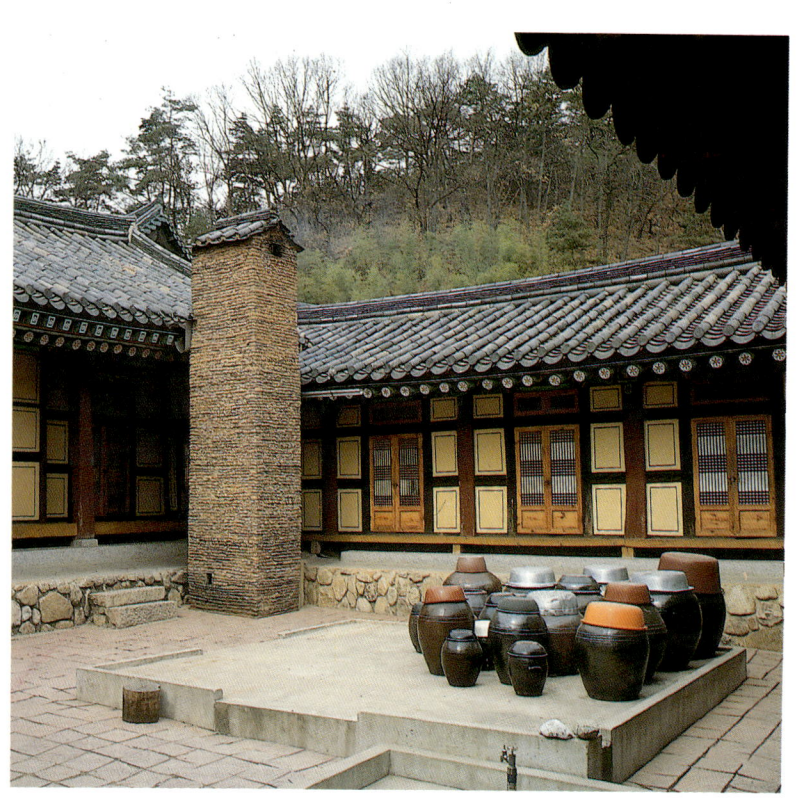

은해사 심검당 내정 대중방 뒤편에 작은 승방들과 2층 고루로 둘러싸인 내정의 모습이다. 황토와 기왓조각으로 쌓아 올린 굴뚝이 다소 경직되어 보인다.

심검당 후원 2층 고루 상층에 오르는 통나무 계단이 건물 내부에 설치되어 있다. 이런 다락집으로 구조된 곡루가 보화루 하단 승료 지역에도 또 한 채가 있다.

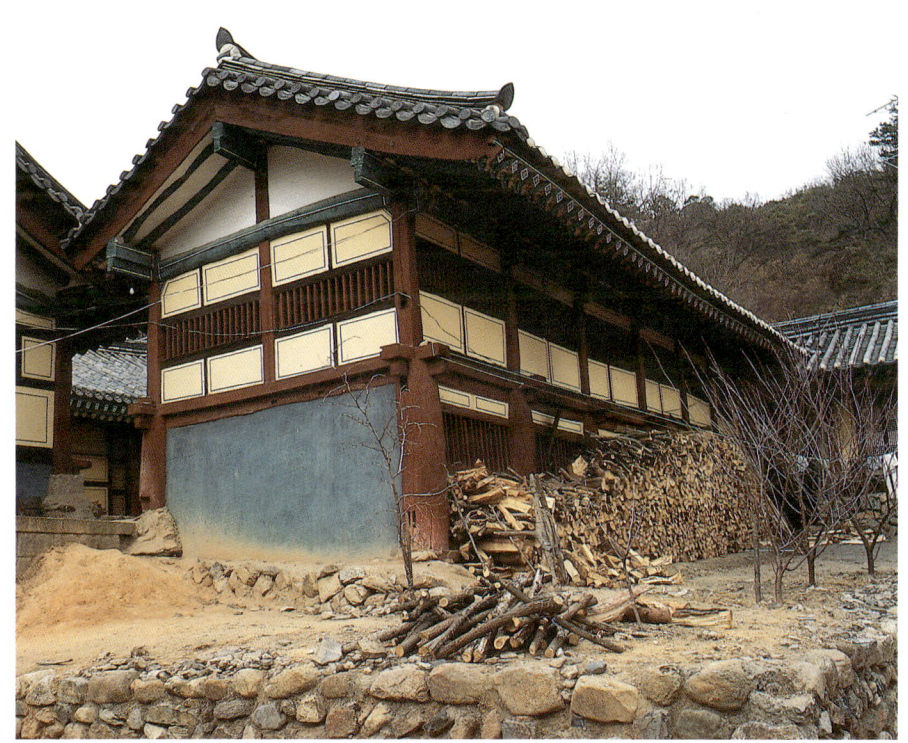

마곡사(麻谷寺)

충청남도 공주군 사곡면 운암리 태화산 남쪽 기슭에 위치하며 사역은 약 8000여 평에 이른다.

마곡사의 대중 요사(大衆寮舍)는 심검당이다. 탑을 둔 중정을 향하여 7칸 길이의 툇간에 마루를 깔고 대중용(大衆用)의 5칸통 큰방과 부엌이 배치되고 양끝에서 꺾여진 날개부에 크고 작은 승방과 군불아궁이칸, 내청, 헛간 들이 딸린 ㄷ자형 집이다. 대중방에는 감실(龕室)을 내어 관세음보살상을 모셨고 앞 툇마루의 남쪽 끝칸에는 목어와 운판, 종, 북을 놓고 삼시 공양 예불을 올린다. 현재 4물 중 운판 대신 금구(禁口)가 있다. 툇마루의 북쪽 끝에는 신중단을 모셔 놓았다.

ㄷ자로 벌어진 동쪽에는 2층 목조 집인 고루가 있어 층마루를 놓아 상하층에 곡류(穀類)와 생활 용구를 넣어 두는 광과 창고로 사용하며, 안마당 쪽의 벽에 두꺼운 나무 계단을 놓아 오르내린다. 남쪽에 별채로서 사중 처사들의 거처 방사와 문간채(방과 대문간,

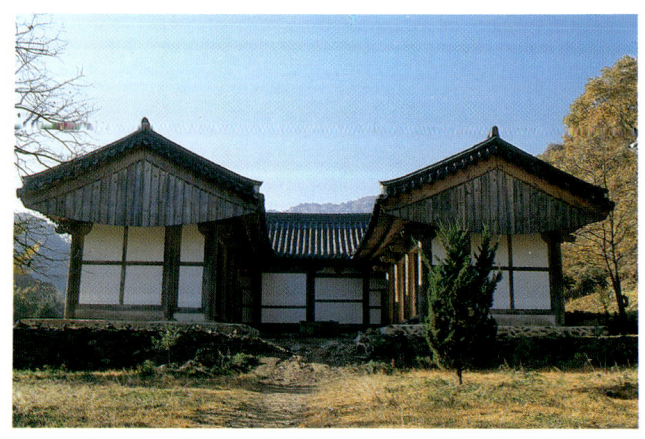

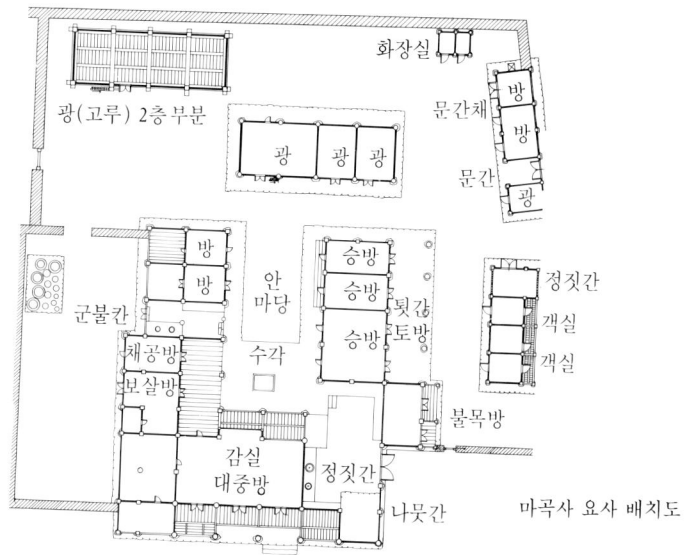

광이 있음)가 울 안에 배치되어 있다. 심검당 후원 담장에 나 있는
작은 협문을 열고 북쪽으로 나가면 대적광전 동쪽에 노전과 주지실
이 있다. 큰 법당 옆 담장에 따로 난 사주문을 통해 노전과 후원에
출입하기도 한다.

마곡사의 별원이라 볼 수 있는 개울 건너 영산전(靈山殿) 일곽에
는 강당으로 사용하던 흥성루(興聖樓) 북쪽에 새로 건립된 매화당
(선방)이 반듯한 기단 위에 높게 서 있다. ㄷ자로 꺾여 방의 전후에
긴 툇간마루를 두르고 큰 방사 양 옆날개 부분에 개별 방을 연속
배열하였다. 몸채가 매우 높은 편이고 2짝 세살문 위로 교살창을
둔 것이 흰 회사벽과 어울려 신선감을 준다. 건너편에 있는 ㄱ자
요사(수선사라 칭함)와 더불어 강당에서 수행하는 승려들의 기처실
과 선방으로 사용되는 수선 도량이다.

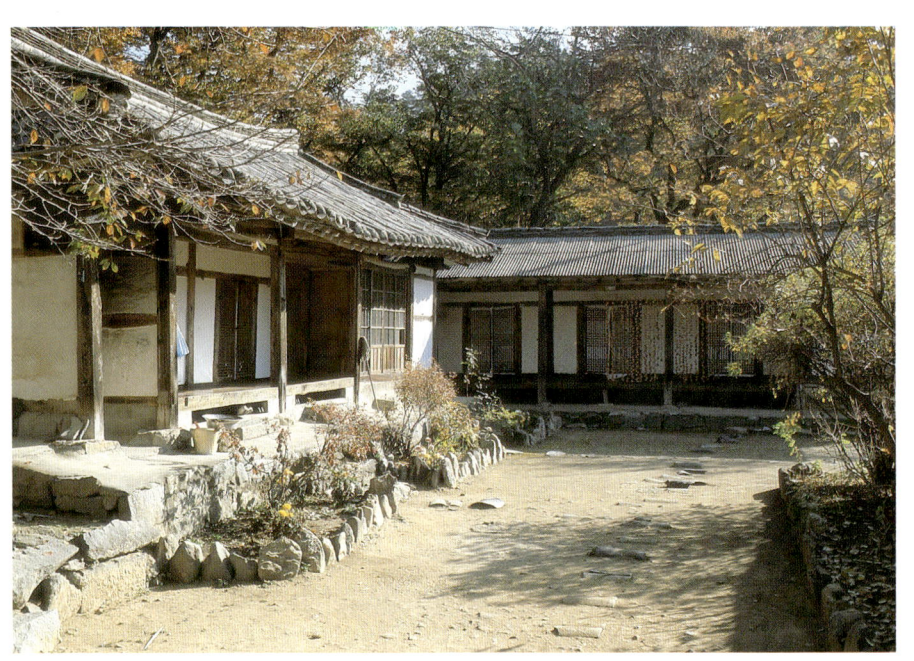

마곡사 노전채 심검당 일곽의 북쪽에 자리한 이 건물은 대광명전 옆의 작은 협문을 통해 들어간다.

심검당 전경 전툇간에 목어와 금구, 종, 북을 놓아 삼시 공양 때에 예불을 올린다.
툇마루를 이용하기 위해 지붕을 덧달아 내었다.

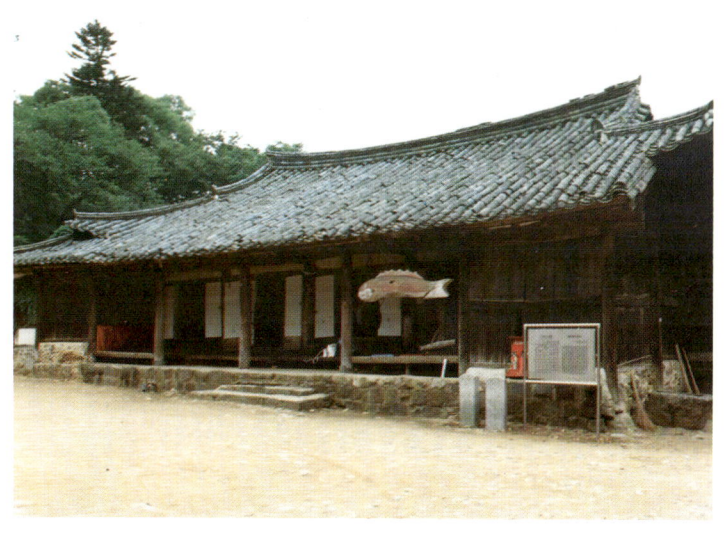

금산사(金山寺)

전북 김제군 금산면의 모악산 금산사는 신라 경덕왕 때 진표율사 (眞表律師)에 의해 창건되었다. 성관을 유지했던 고려대에는 미륵전 (彌勒殿)과 대적광전(大寂光殿) 등이 있는 지금의 중심 사역 남쪽으로 광교원(廣教院), 북쪽엔 봉천원(奉天院)이라고 한 별원이 설치돼 삼원식 가람 배치를 갖추었던 대사찰이었다.

정유재란 때 전체 가람이 타서 없어지고 재건될 때 지금의 도량만으로 줄어져 광활한 부지에 몇 동의 전각만을 갖춘 평지 사원이 되었다.

금산사 요사는 중심곽의 동남부인 미륵전 남쪽에 집중되어 있다. 대중방이 있는 독립된 승당(僧堂)을 중심하여 그 전면에 중향각 (中香閣;주지 및 삼직스님 처소), 요사채 2동(부엌 및 객실, 공양주, 불목들의 거처소) 부속 창고 등 5채의 건물이 돌담에 둘러싸여 후원 요사군을 이루었다. 이들 승료군은 약 840여 평의 넓고 평평한 대지에 자리잡고 있는데, 여러 곳에 흩어져 있던 건물들을 20여 년 전에 여기 한곳에 모아 놓은 것이다.

또 미륵전의 동북쪽인 높은 위치에 금산사의 역대 고승들이 주석했던 송대향각(松臺香閣)이 독립된 별채로 분리되어 있다.

「금산사지」를 통해 임진왜란 이전의 사황(寺況)을 보면 '대사지역 (大寺地域)'에 3층미륵전을 비롯 대불전, 소불전, 당, 요(寮)가 63동에 534칸으로 당우명과 규모를 밝혔고, 그 중 승료로 구분할 수 있는 것이 범음료, 동운집, 서운집, 동노방, 서노방, 청심당, 해회당, 영빈료, 지빈료, 사자방 등 36동 335칸에 이른다 (당우명에 의해 건물 동수는 쉽게 확인될 수 있으나 칸수는 정면 칸수만 기록된 것이 많아 면적을 나타내는 것은 아니다). 또한 봉천원구와 광교원 지역에도 24동의 전(殿), 당(堂), 요(寮) 가운데 승료에 해당되는 건물이 10여 동 50칸에 이르렀다.

현재의 금산사 요사군인 4동의 건물이 모두 '一자집'으로 나란히 배열한 안마당 남쪽 가장자리를 긴 요사채가 가로막았고 북면은 터놓았다. 담장을 두른 일곽 2곳에 일각문(협문)을 설치하여 출입하게 하였고 후원에 장독대를 두었다.

요사군을 이룬 각 건물의 평면과 구조 세부는 아래와 같다.

승당(僧堂) 일반 요사와 구분하여 스님들만이 공양하고 법례를 갖는 정면 4칸, 측면 3칸 해서 모두 12칸으로 된 큰 대중방과 작은 방이 딸린 원채에 정면 2칸, 측면 3칸의 부엌칸을 가진 낮은채가 부합돼 있는 승려 전용 당우이다. 둥근 기둥에 출목 없는 이익공 집으로 지붕은 맞배지붕에 양측면 중앙에만 높게 기둥을 세운 5량 가구로 구성되었다. 집은 높은 편이고 양식적으로 시대가 조금 떨어진 연화초각과 단청을 했다. 1856년 재건되어 몇 차례 보수한 적이 있으며 건물 규모는 약 36평이다.

중향각 요사군 중 전면 광장에 면한 건물로서 주지실과 삼직스님 거처방 및 응접실로 사용된다. 정면 4칸, 측면 4칸, 후면에 덧달아 낸 1칸이 있다.

요사1 정면 6칸, 측면 2칸의 골격에 한쪽 온돌방과 부엌을 넓혀서 행자방, 보살방, 채공방, 객실로 사용한다. 이곳 부엌에서 대중 승속의 음식을 준비한다. 건물 규모 35.9평의 간략한 요사이다.

송대향각 금산사의 역대 조실스님이 거처하던 15평의 작은 승료이다. 정면 4칸, 측면 3칸의 작은 一자형 건물로서는 보칸(樑間)이 긴 편이어서 방의 앞뒤에 툇마루와 반빗간이 있고 벽장과 행자방이 딸려 있다. 각주에 납도리, 홑처마, 팔작지붕의 간결한 요사이다.

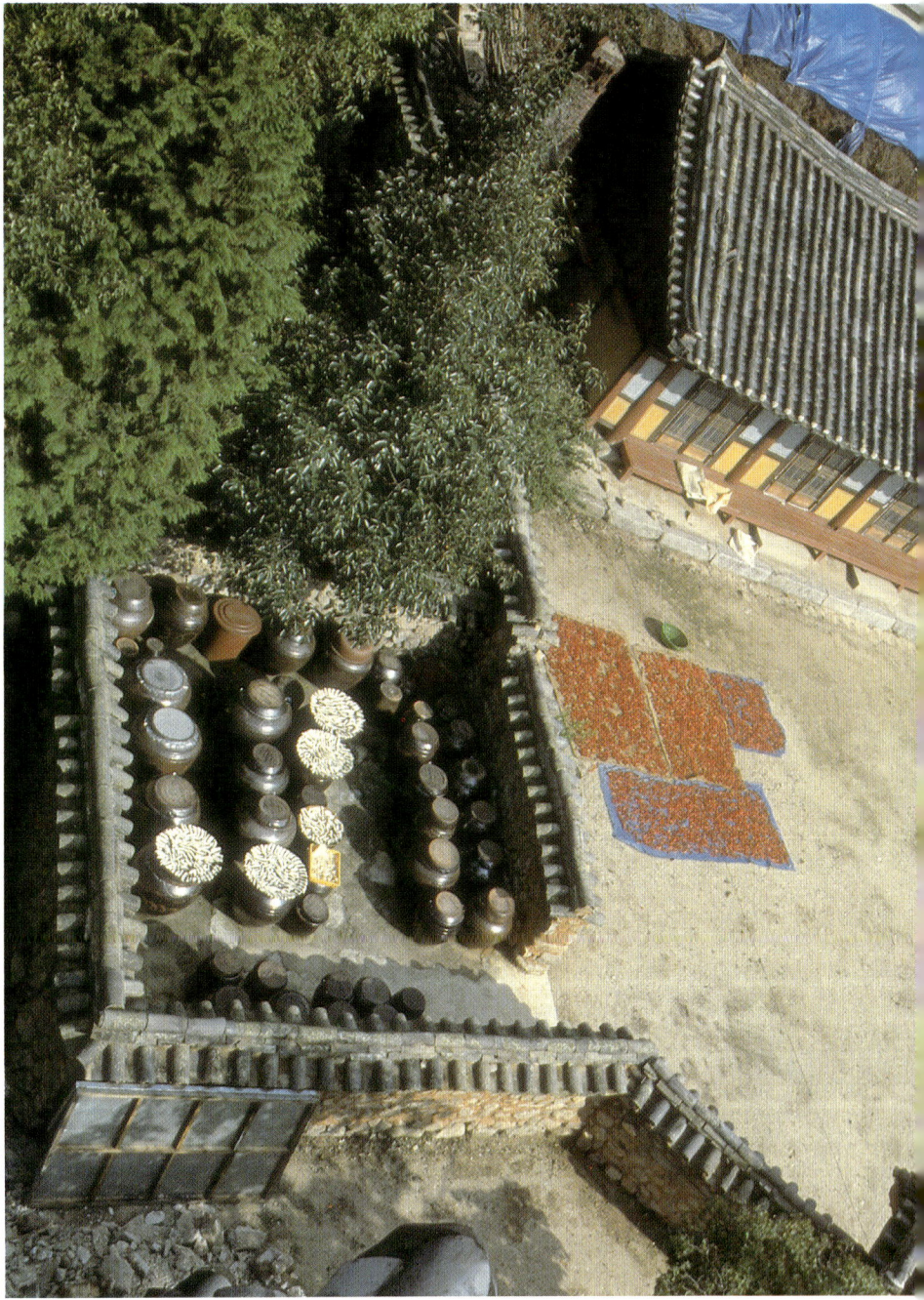

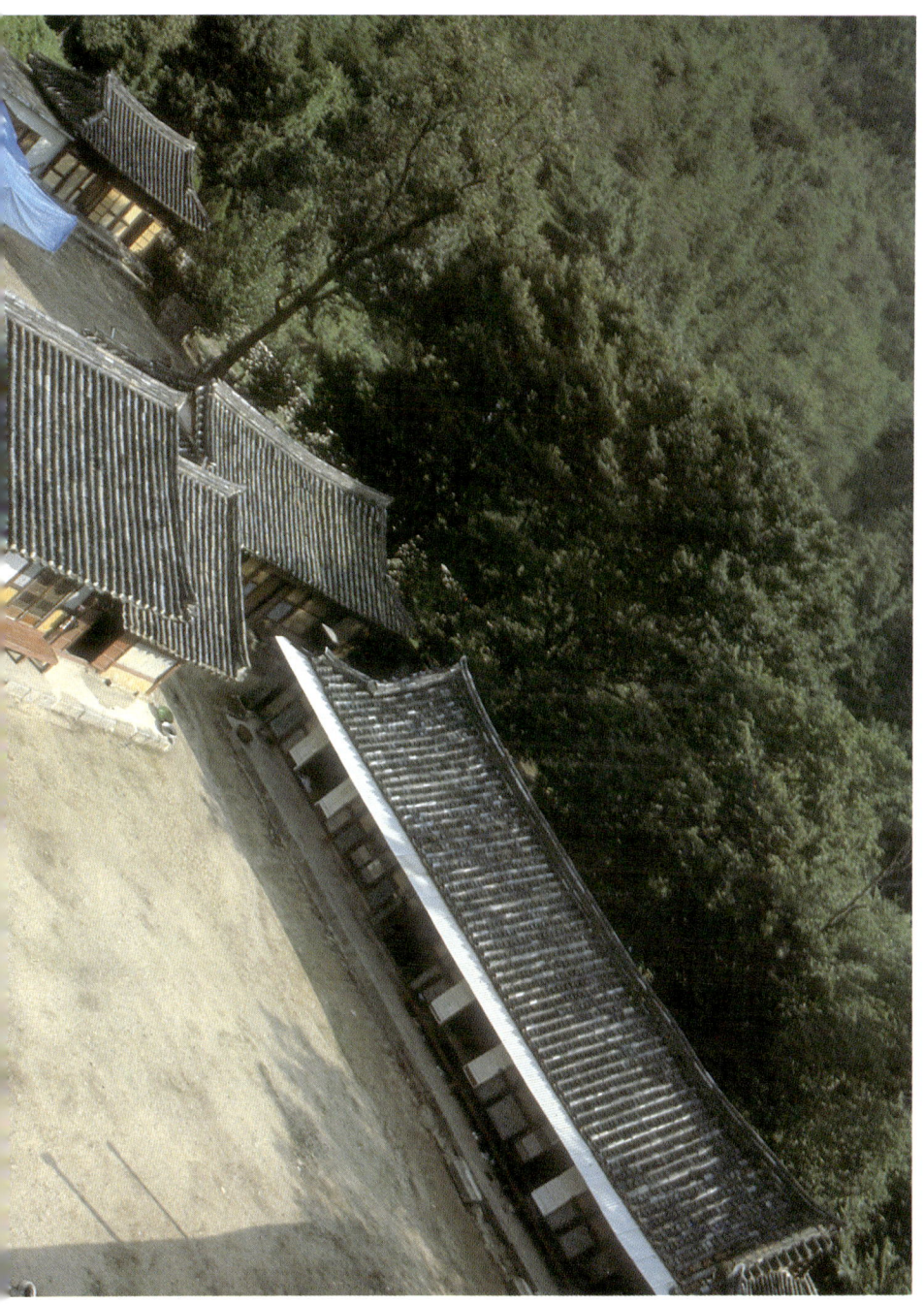

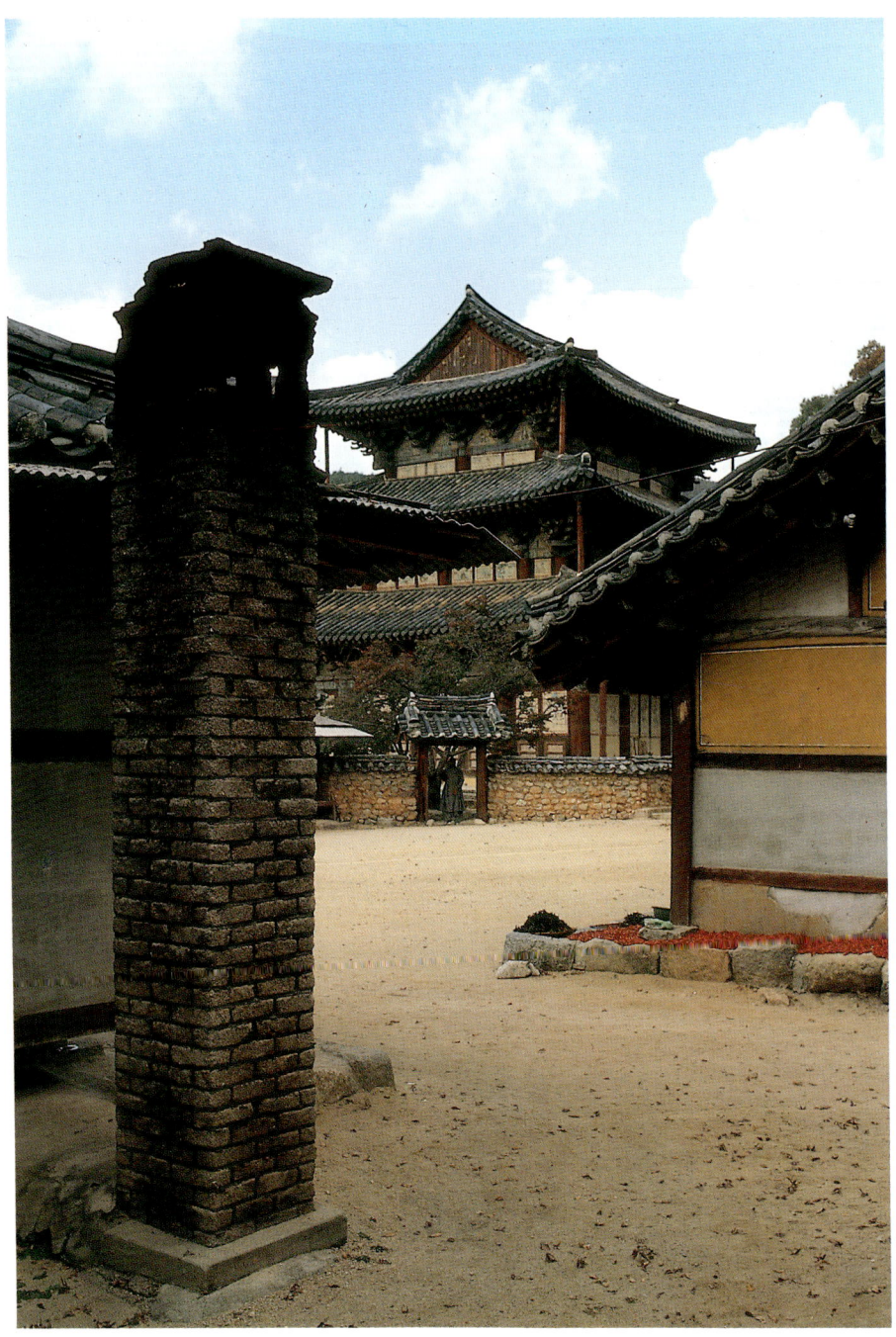

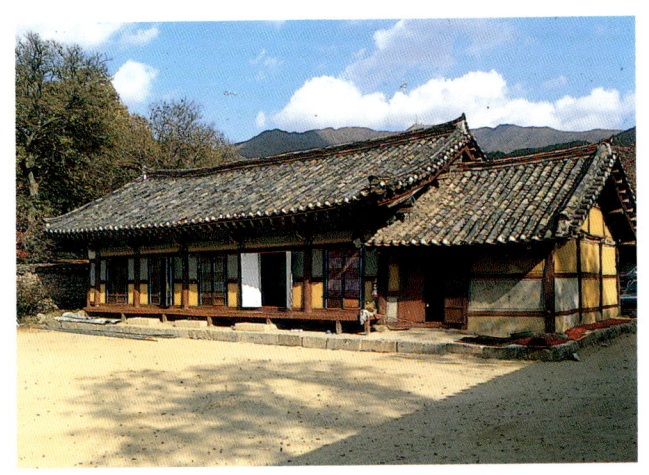

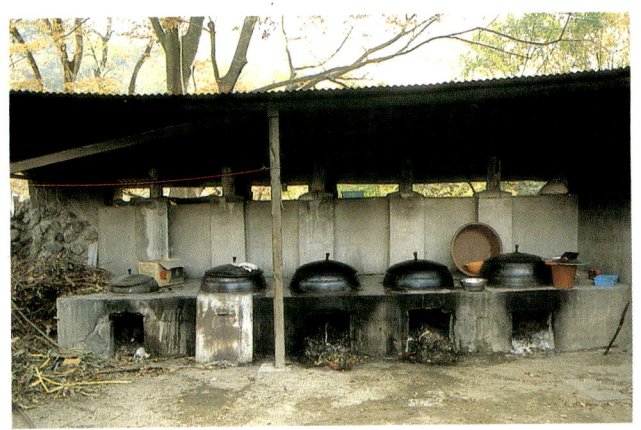

금산사 요사채 일곽 넓은 마당 한구석에 담장이 둘러진 장독대가 있다.(앞)
미륵전 앞에 담장으로 나누어진 요사채 영역에 들어서는 작은 문이 보인다.(왼쪽)
대중방이 있는 승당 건물.(오른쪽 위)
별설된 한뎃부엌.(오른쪽 아래)

화엄사(華嚴寺)

　화엄종의 명찰인 화엄사는 전남 구례군 마산면 국립공원 지리산 서남쪽 기슭에 있다.

　화엄사의 승방 및 요사는 대웅전과 각황전이 있는 대석단(大石壇) 아래 중정 동쪽에 배치된 적묵당과 그 후원의 총원소(惚院所) 등이 결합되어진 '트인 ㅁ자형'의 중심 요사로 집약된다. 노전인 삼전(三殿;대웅전 동쪽)과 선방으로 사용되는 영산전(각황전 전면 하단), 강학원으로 쓰는 만월당(滿月堂)에 부설된 방사에 선승과 학승 등이 거처한다. 또 적묵당 남쪽에 큰 규모의 승원(중료)이 건립중이다.

　이 중 대중 요사는 적묵당에 연결된 한 무리의 당우로, 동서 방향으로 길게 뻗은 날개 부분에 작은 승방과 부엌 등이 배열되고 북익

수각　후원 내정에 자리한 수각은 승려들의 세면과 간이 세탁 장소로 활용된다.

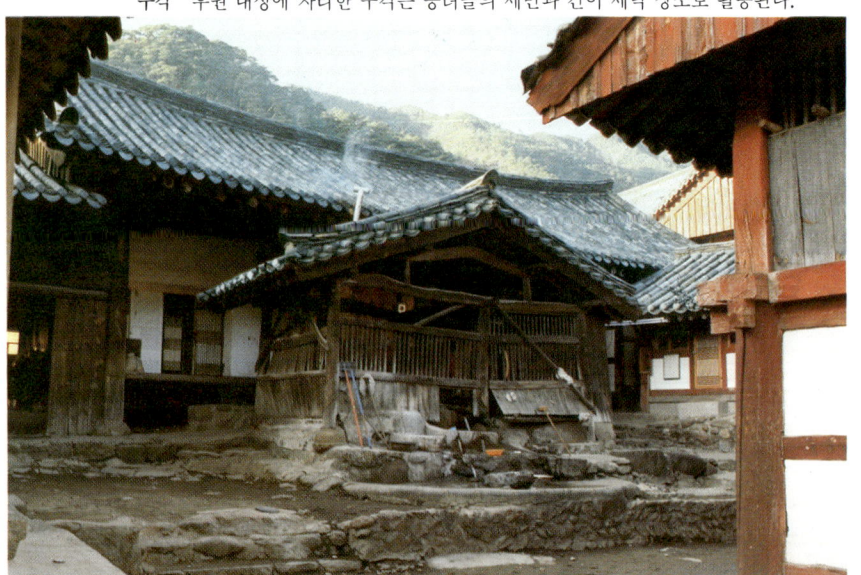

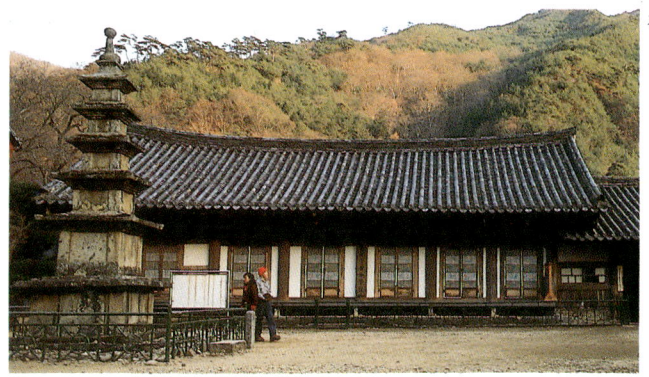

사 동쪽 끝에서 다시 꺾인 층루에 곳간이 있다. 적묵당 본채는 정면 6칸 측면 2칸 중 전면 도리칸 5칸통을 큰방으로 내어 대중 공양과 선당 등으로 활용하며 후툇간 쪽에 돌출시킨 2칸 감실이 있다. 남쪽으로 낮은 지붕을 구성한 4칸의 넓은 부엌을 두고 동쪽으로 꺾인 부분에 대소 승방들을 2줄로 배열하였다.

1782년(정조 6)에 건립된 본채는 고주 없이 5량 가구의 구성을 하고 전면 처마 밑에 이익공을 둔 겹처마 맞배지붕이다. 건물은 전퇴 없이 긴 쪽마루로 연결되어 출입을 도모하였다. 후원으로 들어가는 통로는 대개의 요사채에서 볼 수 있는 것처럼 중정에 면한 부엌문을 열고 부엌을 거쳐 안마당에 들어가게 된다.

ㅁ자형의 후원을 이룬 안마당에는 판벽으로 가려진 2칸 수각이 있어 세면장으로 활용된다. 안마당 동남쪽 구석만이 트여져 뒷마당에 연결되고 여기에서 장작 등 땔나무를 마름한다.

도량의 규모나 화엄 종찰로서의 많은 대중을 수용하기에는 승방이 부족하므로 적묵당 동남쪽에 대규모 요사 건축이 진행되고 있다. 우수한 석조물과 목조 문화재가 많은 유서 깊은 사찰에 새로운 건물이 들어섬으로써 장차 변모될 분위기가 우려된다.

법주사(法住寺)

법이 머문다고 하여 '법주'라 이름지어진 이 절은 충북 보은군 내속리면 속리산 자락의 평탄지에 자리잡고 있다.

법주사는 대웅대광명전(2층 28칸), 용화전(2층 35칸), 팔상전(5층 36칸, 현존) 외에 수많은 당우가 즐비했던 큰 사찰이었으며 1873년(고종 10)에 편찬된 「법주사 사적」을 보면 당대에도 60여 동의 전각과 10여 점의 석물이 경내에 있었고 속리산 계곡에는 70여 개소의 산중 암자가 있었다고 한다.

이 건물들 중에는 진해당, 연적당, 동상실, 서상실, 동운집, 서운집, 궁현당, 향적전, 범음료, 척석당, 해명료, 청정당, 호연료, 명월료, 청풍료, 변월료, 상원료, 남월료, 동빈료, 서빈료, 세이당, 연화방, 성행당, 상판도, 중판도, 하판도, 동판두, 서판두, 해회당, 중객당, 복실방, 동행랑, 서행랑 등 40여 채의 방사가 승료군으로 경내를 꽉 메우고 있었던 듯하다. 지금의 도량에는 20여 동의 전각과 석조물이 넓은 가람에 흩어져 있다. 그 중에서 사중 스님들이 머무는 대중 요사는 팔상전 동쪽에 4채의 큰 방사로 이루어진 후원에 집중되어 있다.

그리고 선원에 소속된 건물이 대웅보전 동쪽에 총지선원(옛명 대향각)과 염화실(조실스님 거처소)이 있으며 근래 건립된 대선방이 ㄱ 남농쪽에 배치되어 있다. 그러나 옛 성시에 머물던 승속 대중을 뒷바라지할 때 사용한 유물이라 할 여러 조의 대수조와 철확(鐵鑊), 석옹(石瓮) 등이 남아 있으며 신앙 경배 대상물이었던 석조물과 유지 초석이 곳곳에 흩어져 있다. 팔상전과 천왕문 등 몇 개 전각은 조선 중기까지 거슬러 올라갈 수 있는 연륜을 가졌으나 승방과 요사들은 조선 말기부터 최근까지 중건, 개축된 것이다. 중창의 불사는 지금도 계속되므로 옛 모습을 기대해 본다.

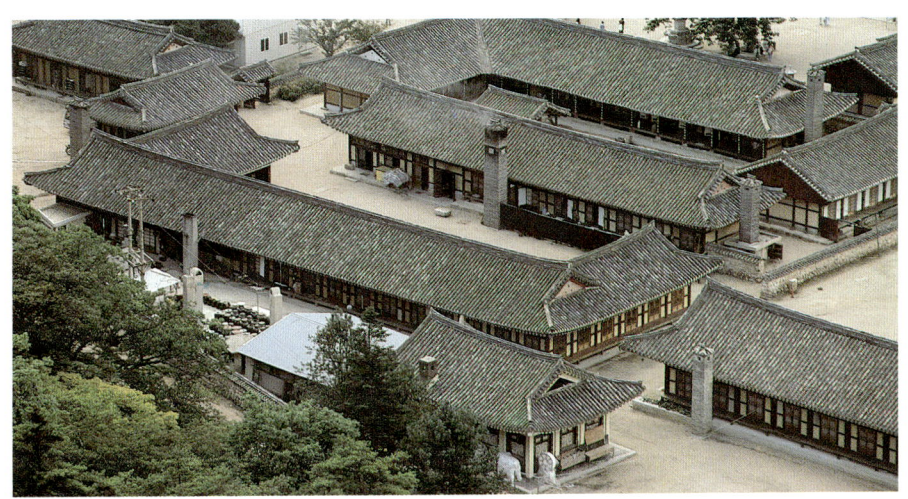

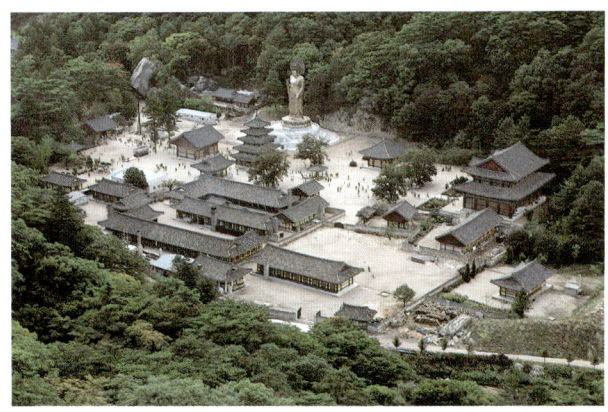

요사채 전경 법주사의 승방과 요사들은 거의가 최근에 중건된 것이다.(위)
법주사 전경 전체 사역에서 스님들이 머무는 대중 요사는 팔상전 동쪽에 4채의 큰
  방사로 이루어진 후원에 집중되어 있다.(아래)

월정사(月精寺)

강원도 평창군 진부의 오대산 월정사는 산곡간의 평탄지에 세워진 큰 절이다.

7세기 중엽 자장율사가 개창했다고 전해지고 있으나 후일에 들어와 융성해졌고 특히 세조가 이곳 상원사를 원찰(願刹)로 삼았으므로 왕실의 각별한 비호를 받아 크게 융성해진 듯하다. 6·25 때 산문 전체가 훼손, 불탔던 까닭에 8각 9층석탑을 제외한 목조 건물들은 거의 수복 후에 재건된 것이다.

주로 조선시대에 건립되어 6·25 직전까지 전래되었던 사황(寺況)을 「조선고적도보」(1929년 간) 사진을 통해 살펴보면 금당 앞에 9층탑과 강당(湧金樓)이 남북자오선상에 일직선으로 배열되고, 그 좌우에 거대한 승방인 ㅁ자형 평면의 동별당, 서별당이 있었다.

금당 뒤편으로 칠불보전, 영산전, 관음전, 진영각 등 전각이 나란히 놓여 있고 동별당의 주위에 연향각, 선당, 백련당 등의 당우와 동구 쪽에 불이문과 천왕문이 있었음이 보인다. 이 가운데 동별당, 서별당이 승당 및 선당으로 사용되는 큰 방을 갖추고 내정을 둘러싼 크고 작은 승방들과 객실, 부엌을 갖추어 후원 요사를 이룬 듯하다. 건물 규모가 조금 큰 편인 서별당은 앞면과 남쪽 면이 각 9칸으로 넓은 내정을 가운데 두고 사방에 둘러져 있었다.

지금은 옛 모습을 되살려 동별당만이 승사로 재건, 복원되고 마주 보이는 서별당 자리엔 전면 11칸, 측면 3칸의 긴 강당 건물이 세워졌다. 서별당 뒤쪽에는 별동의 승방 및 객실채가 세워져 옛 사진에서 보는 배치와는 달라진 채로 법당 앞 좌우 대칭의 요사 배치에 균형이 깨어져 있다. 동별당 후원에는 여러 당우가 건립중에 있다.

1978년 복원된 동별당은 희찬 스님의 기억에 따라 옛것을 되살린 것인데 지붕과 평면의 기둥 간격으로 보아 다소 달라진 모습이다.

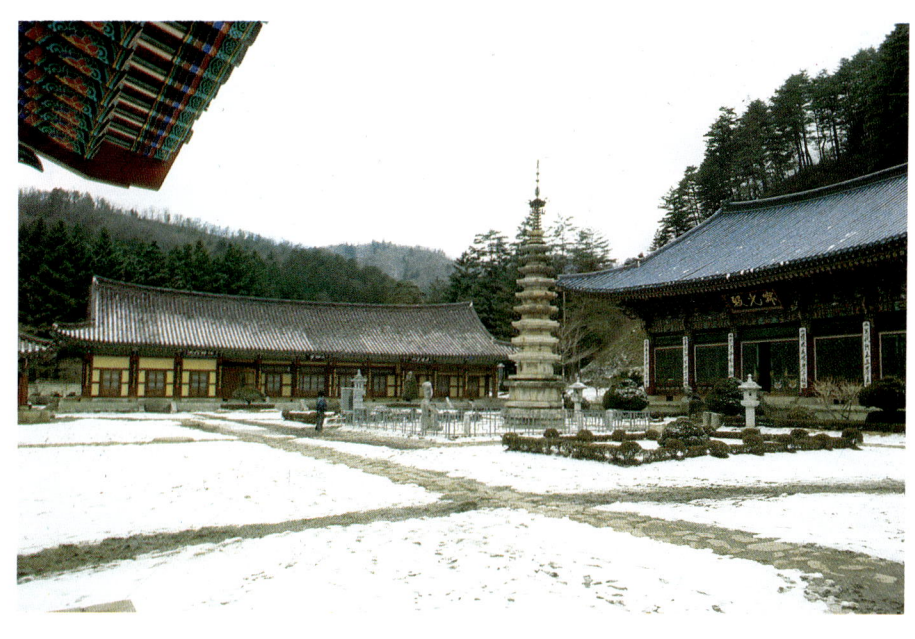

월정사 경내 주불전의 오른쪽과 왼쪽에는 동별당, 서별당의 요사 건물이 있었으나
전부 소실되었다. 지금은 옛 서별당 자리에 정면 11칸의 긴 강당이 들어서 있다.

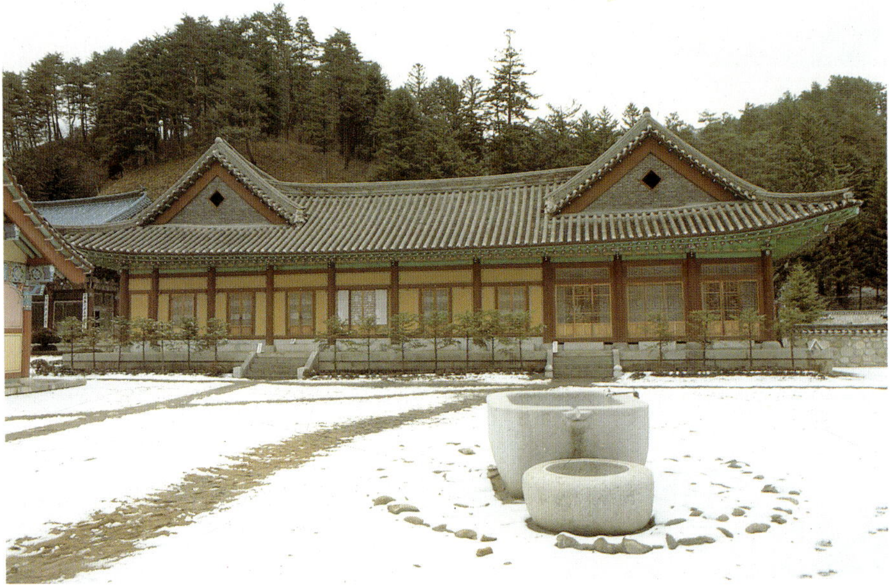

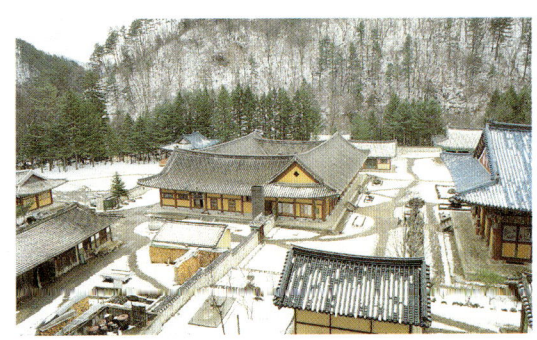

동별당 월정사에서 소년 시절을 보냈던 희찬 스님의 회고로 십여 년 전에 복건된 동별
당의 모습이다.(위, 아래)

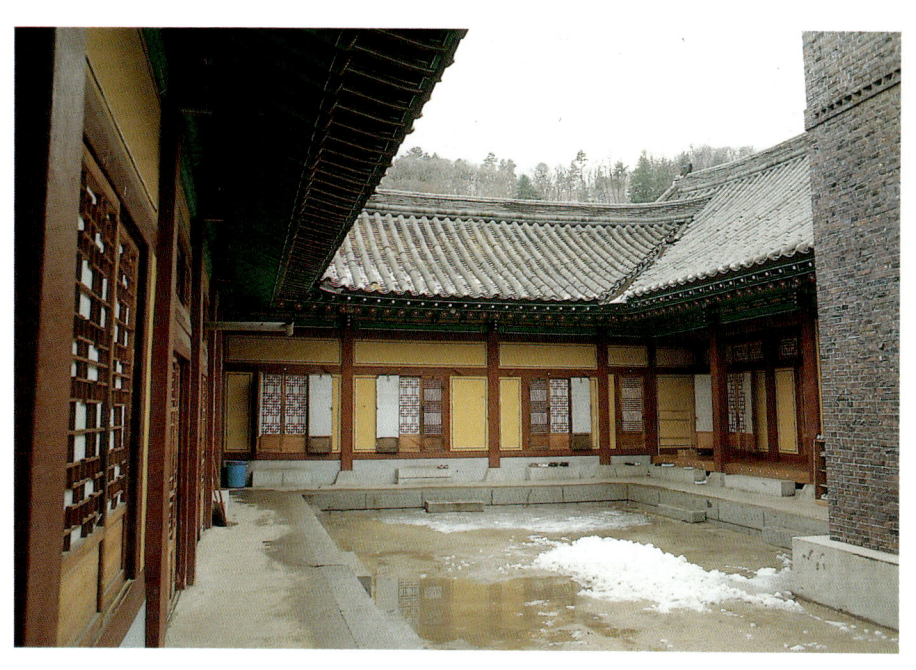

동별당 내정 내정을 둘러싼 크고 작은 승방들과 객실, 부엌을 갖추어 후원 요사를
이루었다.

화암사(花巖寺)

전라북도 완주군 운주면 가천리 불명산의 화암사는 심산유곡의 작은 산사에 불과하나 근래에 본전인 극락전이 하앙식(下昻式) 공포 구성 구조임이 발견되어 비상한 관심을 모으고 있다.

이 공포 구성은 백제 때의 목조 양식으로 우리나라에는 남겨진 것이 확인되지 않았으나 일본이나 중국엔 여러 동의 건물이 상존함으로써 건축 양식의 전래와 변천 과정을 살피는 데 중요한 몫을 하기 때문이다.

전체 가람은 정유재란 때 소실되었던 것을 난 후(1605~1606년)에 재건 중창하여 오늘의 극락전과 우화루(雨花樓)를 남겼다.

화암사에는 위의 두 건물 외에 요사채인 적묵당과 노전인 불명당이 중정의 동서에 둘러 있고 우화루 왼쪽엔 문간채가, 오른쪽엔 약간 떨어져서 명부전이 있다.

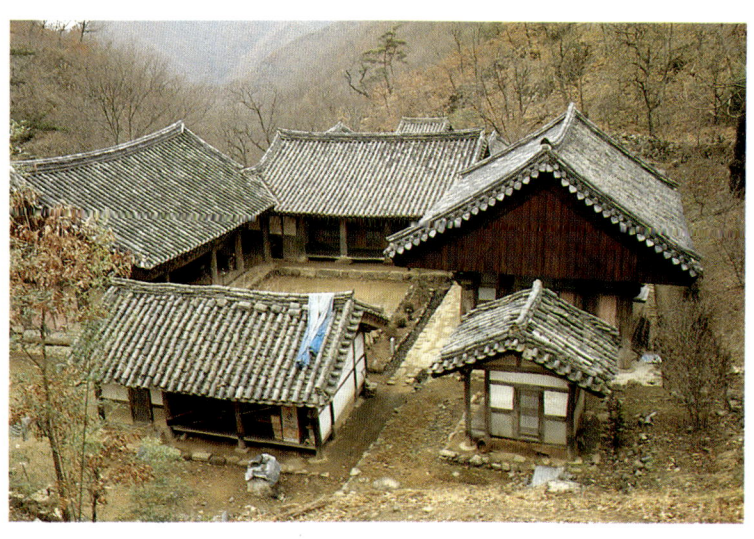

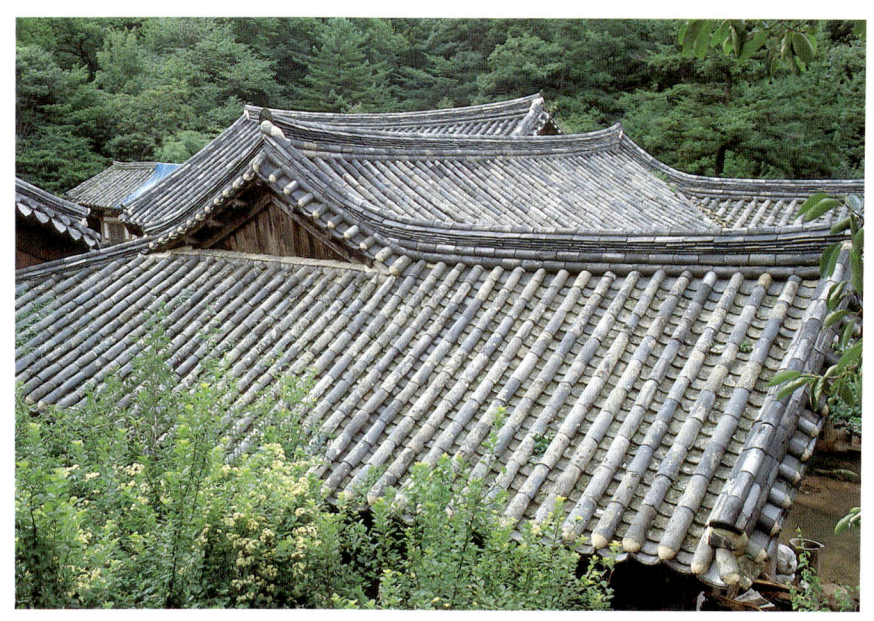

화암사 도량 전경   법당과 누각 사이의 마당 서쪽 가장자리를 꽉 메운 요사는 적묵당이
고, 그 맞은편의 노전은 불명당이다.(왼쪽)
적묵당의 우람한 지붕   극락전과 우화루로 연결되는 사역 중심부의 서쪽을 꽉 메우고
있는 요사 건물답게 지붕 또한 우람하다.

적묵당은 'ㄷ자' 평면으로 된 구조인데 ㄷ형 터진 쪽이 서향했다. 중정으로부터는 부엌을 통해 안마당에 들어가게 된다. 요사 건물이 길고 넓게 차지하므로 내정에서의 후원 살림이 외부에 노출되지 않으며 마당 끝에 이어진 언덕 외곽에 돌각담을 둘러 후원을 더욱더 아늑하게 감쌌다.

적묵당은 극락전과 우화루로 연결되는 사역 중심부의 서쪽을 꽉 메우고 있는 요사 건물로 동향한 몸채에 도리칸 3칸통의 넓은 대중방과 작은 승방 둘이 있고 그 앞뒤에 5자 폭의 툇마루가 설치되었다. 남쪽 끝에는 정면 2칸, 측면 3칸의 부엌에 연결하여 2칸의 방을, 북쪽 끝에는 1칸 방을 뻗어 전체의 평면은 ㄷ자형이 되었다.

큰방의 뒤쪽에는 불감(佛龕)을 설치하여 관음보살상을 모셨다. 판벽으로 둘러진 부엌에는 중정 쪽과 남쪽에 판문을 두어 출입케 하고 방과 연결된 2면에 큰 부뚜막이 설치되어 있다.

자연석을 대충 줄맞추어 쌓은 기단 위에 산석으로 덤벙주초를 놓았고 굵은 두리기둥을 세웠다. 몸채(본채)의 가구 구성은 2고주를 세워 대들보를 얹고 양칸을 넷으로 나누어 동자주를 세운 5량 가구이다. 툇간을 둔 전후 평주 위엔 이익공이 얹혀지고 익공 간벽의 중앙에는 연화 초각된 화반이 배치되고 그 좌우엔 회벽으로 막았다. 방과 툇간에는 모두 평반자로 구성하고 앞면은 겹처마, 뒷면은 홑처마이다.

세살 문짝으로 출입문을 내고 좌우벽은 흙벽으로 마음하였는데 객실 방문 양옆에 달린 광창은 실용과 미관에 좋은 분위기를 보여 준다. 내정의 서쪽을 꽉 메운 6칸 길이의 요사가 높은 몸체와 지붕을 이룬 데 비해 마주한 동쪽 노전(불명당)은 3칸뿐인 짧은 길이와 얕은 지붕이기 때문에 내정 공간의 좁은 느낌을 덜어 준다. 더불어 불명당 좌우의 트인 간격으로 시선이 투과됨은 물론 명부전과 철영재에 갈 수 있는 통로가 되고 있다.

위봉사(威鳳寺)

위봉사는 전라북도 완주군 소양면 대흥리 위봉산성 안에 있는 산사이다. 백제 때에 창건되었다는 이 절은 심산의 고원에 자리잡고 있지만 도량이 펼쳐진 곳은 평탄하다.

보광명전의 앞마당 왼쪽에 자리잡고 있는 요사는 조선 후기에 건립된 건물로 독특한 형태의 평면이다. 전체 평면의 형태는 工자형의 한쪽 끝을 다시 꼬부린 ㅁ형의 건물이다. 또 방들과 마루의 배열이 일반 요사와는 좀 다르다. 중정을 향한 전면 본채에 앞뒤 툇간을 갖춘 정면 4칸 측면 2칸의 큰방을 두고, 그 양끝에 붙은 2칸통의 양 익사 부분이 본채의 전면으로 1칸, 후면으로 3칸씩 뻗어진 외에 북익사 끝에서 후정에 방 1칸을 돌출시킨 평면 구성이다.

큰방(대중방)에는 관세음보살을 모셨기 때문에 '관음전'이란 편액이 걸렸다. 4칸 앞쪽 벽엔 궁판들인 띠살문 2짝씩이 개설되었는데 궁판에는 2태극 또는 3태극이 그려지고 문인방에는 백색 바탕에

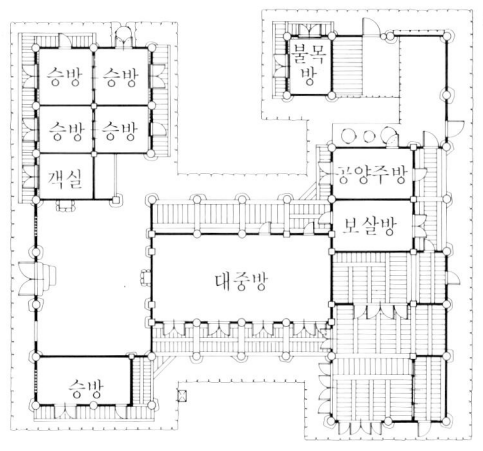

위봉사 요사 평면도

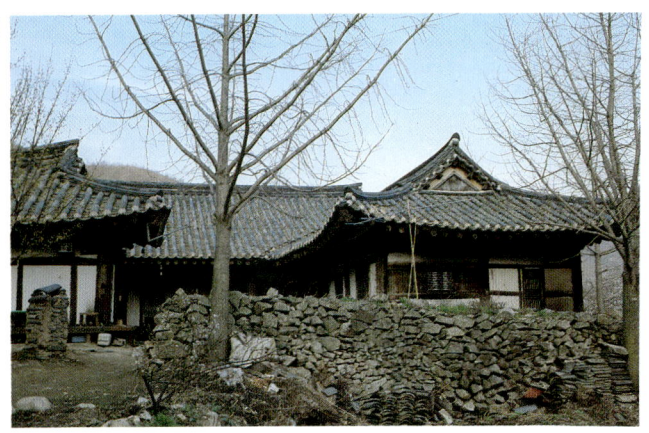

범자를 써 넣은 각칸 3개의 원이 그려졌다. 거의 퇴색되어 글자는 분명하지 않으나 치장과 주술의 의미가 포함된 듯하다.

큰방의 남쪽 익사는 6칸통의 넓은 부엌과 2줄로 배열된 작은 승방들로 구성되고, 북쪽 익사 부분은 전면 쪽에 4짝 장지문으로 두서너 칸살이를 구획한 넓은 마루방과 그 후면으로 툇마루 딸린 방 2칸과 모서리 부엌이 이어졌다. 건물에서 온돌방이 있는 곳엔 툇마루 또는 기둥 밖의 쪽마루가 모두 연결되었다. 구들과 마루의 바닥 높이는 모두가 같고 2곳 부엌의 바닥도 같다. 거칠게 다듬은 부엌 천장 가구에서 산사 요사의 맛을 풍긴다.

전체의 평면에서 온돌방과 마루(廳), 부엌 및 헛간의 면적 합은 서로 비슷하게 세 등분된다. 북익사 전면의 넓은 마루방 벽은 띠살문과 판벽으로 메워져 삼면이 개방된다. 원래는 강설과 사중 수선처로 사용하던 마루방인 듯하다. 지붕 구성이 한데 어울려 우람한 모습이며 검약하면서도 견실한 기법의 고풍어린 요사인 점에서 지방 문화재로 지정 보호되고 있다. 약 110평에 이르는 단일 요사로는 큰 편에 속하는데 현재 3명의 승려가 상주하고 있다.

해인사(海印寺)

법보 종찰 해인사는 합천과 성주 경계에 넓게 펼쳐진 가야산 중턱에 위치했다.

절 입구의 일주문으로부터 높은 대(臺) 위의 장경판고에 이르기까지 주요 법당과 누, 문 등이 서남향을 하였고 그 축선의 중심을 향한 양쪽에 승방과 요사, 강원, 강당 등이 대면해 배치되어 있다.

해인사는 통일신라 중기(802년)에 개창되었다고 하지만 고려 말 재차 주조된 대장경이 이곳에 옮겨(1398년) 보관되면서 법보 종지(宗旨)를 유지해 온 대찰이 되어 선교 양종의 많은 강백(講伯)을 배출하고 여러 당우가 증설돼 대가람의 면모를 굳혀 온 것으로 보인다. 그러나 전후 여섯 차례의 큰 화재로 대개의 전각이 불탔으나 곧이어 중건, 복구가 거듭되었는데 이런 불사들이 모두 국왕과 귀족들에 의해 행해졌음은 주목할 만하다.

해인사의 승방과 요사는 가람의 제3단 지역(대적광전 전면 광장)과 제4단 지역(구광루 전면)에 집중되어 있다.

대적광전 전정의 동편에는 심검당 외 3동의 승방과 고루 등이 한 무리의 후원 요사를 이루었고, 건너편에 궁현당(窮玄堂)을 비롯한 승방 3채와 경학원(經學院) 등의 건물이 들어서 강원과 그 부속 판도방으로 사용된다.

심검당은 본래부터 대중 승려가 생활하는 중심 요사이고 궁현당은 강원 건물이다. 심검당의 큰 방에는 목조 관음보살상이 모셔져 '관음전'이란 편액이 걸려 있기도 하다. 중정에 면한 정면 9칸, 측면 4칸의 본채에 큰방을 두고 남쪽으로 꺾인 부분에 부엌을 두어 대소의 승방들을 연결시켰다. 그 남쪽으로 층단의 지형에 맞추어 2층 누각을 꺾어 배치함으로써 ㄷ자형 배치가 되었고, 그 북변에는 별채의 6칸 방사가 들어서 전체적으로 '트인 ㅁ자형' 평면의 후원을 이루었다.

옛 궁현당 자리에 정면 11칸의 웅장한 강원이 새로 지어졌고, 뒤편의 학인 숙소로 사용되는 승방 2동, 또 해인사 전래 도서관인 경학원과 그 부속사 및 수월문, 수각 등이 담장으로 나누어져 범속의 접근을 막고 청정한 수양 도량이 되고 있다.

구광루(九光樓) 전정의 제4단 지역에는 서쪽에 종무소와 객사로 쓰이는 사운당(四雲堂)이 있고, 삼직스님들의 처소 건물이 종고루 주위에 새로 지어졌다. 동쪽에는 넓은 대지 끝에 여러 법요를 행하는 대규모 강당(절에서는 회관이라 함)이 세워져 지하층에 대중 공양과 채공소에 해당하는 여러 방들이 들어 있다. 이 건물이 세워짐으로써 종래 심검당에서 행하던 대중 의례가 여기서 행해지고 심검당은 강원의 상급반생들의 수련장으로 활용된다. 이 강당 자리엔 근래까지도 대규모 요사(명월당)가 있어 대중 승속의 처소와 객실로 사용되었다. 결국 근래에 중창 불사로 많은 변모를 가진 셈이다.

이 밖에도 대법당의 노전채인 응향각(凝香閣)이 동편에 있어 선실(禪室)과 주지 거실(住持居室)로 병용되며 장판각(수다라장) 동쪽에 있는 퇴설당(堆雪堂)이 선원으로 쓰여진다. 이들 당우는 대중 요사나 승방과는 별개의 용도지만 건물 형태는 비슷하다.

지금의 해인사 승방과 요사만으로는 옛 모습을 살피기가 어렵다. 성긴을 유지하던 때에 많았던 방사는 거의 헐리고 옮겨져 범도를 갖추었던 옛 도량의 승사와 요사간 상호 위격(位格)의 파악이나 승방과 사중 속인들의 거처 방사와의 관계, 참례객들이 묵을 수 있었던 방사 등의 건축적 고찰이 확연하게 파악되지 않는다.

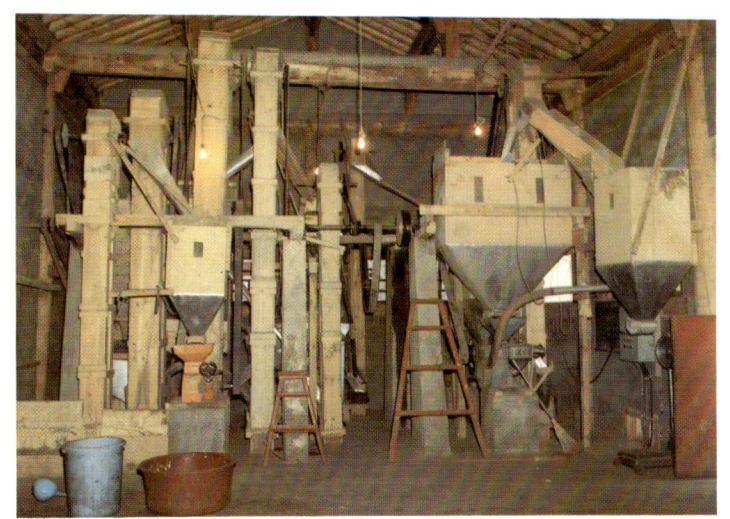

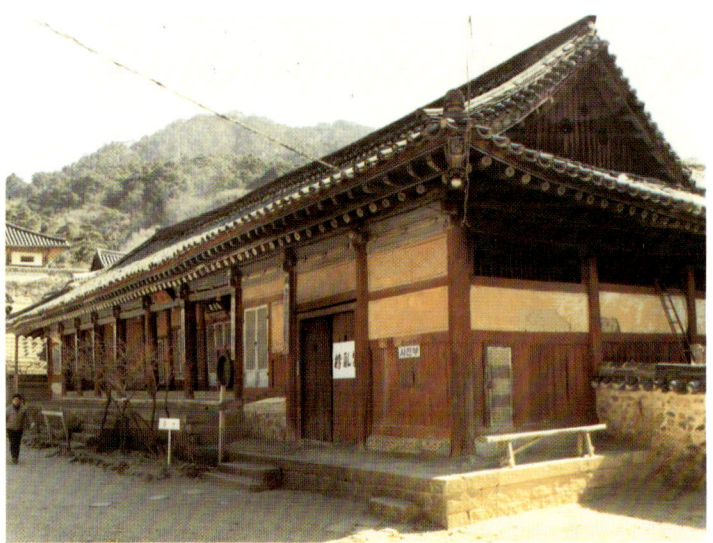

해인사 경내 방앗간 많은 전답을 경작하며 그 소출곡으로 수많은 사중 승속의 공양을 뒷받침해 온 유서깊은 사찰 방앗간이다.(위)

심검당 대법당 전정 동쪽에 자리한 대중 요사로 그 안마당 쪽에 2층 고루와 작은 승방 들이 연결되어 있다.(아래)

내소사(來蘇寺)

내소사는 전라북도 부안군 산내면 석포리의 변산반도에 있다.

내소사의 창건은 삼국시대 말기인 633년 혜구두타(惠丘頭陀)가 대소 2개의 소래사(蘇來寺)를 지은 데서 기인된다고 전해 온다. 그 후 내소사로 개칭된 연유는 자세히 알 수 없으나 성종 때 편찬된 「동국여지승람」에도 소래사로 기명되었으므로 그 뒤인 조선 후기에 개칭된 듯하다.

내소사의 대중 요사는 설선당과 그 후원으로 펼쳐진 ㅁ자형의 큰 승료채인데 건물의 각면마다 외관 구성이 다르게 형성되어 눈길을 끈다.

설선당 본채는 중정의 동쪽 가장자리를 가득 메워 배치되었는데 전면 6칸 중 4칸을 대중방이 차지하여, 3칸 측면 중 후퇴 1칸을 제한 8칸통의 광활한 방이 되었고 남쪽의 2칸은 부엌이다. 전면에는 퇴를 두지 않고 깨끗한 분벽에 2짝 띠살문을 달았고 넓고 휜출한 미간(眉間)의 기둥 위에는 이익공 위에 다시 봉두를 얹어 높이 치켜 올려진 겹처마로 장대한 정면 길이와 아울러 당당한 풍채의 승당(선당) 건물이 되었다. 후면으론 세벌대 기단을 두었기 때문에 낮아진 내정에 이어진 날개집을 둘러서 지은 까닭에 북쪽과 동쪽의 가장자리는 2층 누옥이 연결되고 남쪽으로는 높은 벽을 가진 단층집으로 이어졌다.

단층 부분과 누옥의 아래층 작은 승방과 헛간, 채공간 등이 있고 위층은 모두 곳간으로 활용된다. 북쪽 고루의 위층 부분은 전후벽 없이 터져 시원한 내루의 역할이 되고 동쪽 부분은 내정에 면해 살대를 꽂은 큰 광창 하나씩이 칸마다 개설되었다. 이 고루 위층의 바닥은 3개소에 층단이 설정되어 바닥 높이가 서로 다르다.

동쪽 누옥 뒤쪽에는 높은 처마 밑에 덧지붕을 달아내고 칸반통의 날개집을 붙여서 방과 광으로 사용한다. 안마당에는 장독대와 수돗간을 마련하고 공양간의 보조 공간으로 활용한다.

집의 규모가 클 뿐 아니라 그 구성이 독특하며 요사 건물의 한 전형을 보이는 듯하다. 임진왜란 뒤 대웅전 중건 시기(1633년)에 함께 건립된 것으로 짐작되며 전라북도 유형문화재로 지정 보호되고 있다.

염화실 내소사 대웅전 옆에 있는 근래에 건립된 염화실은 노전으로 사용되며 큰스님의 거처이기도 하다.

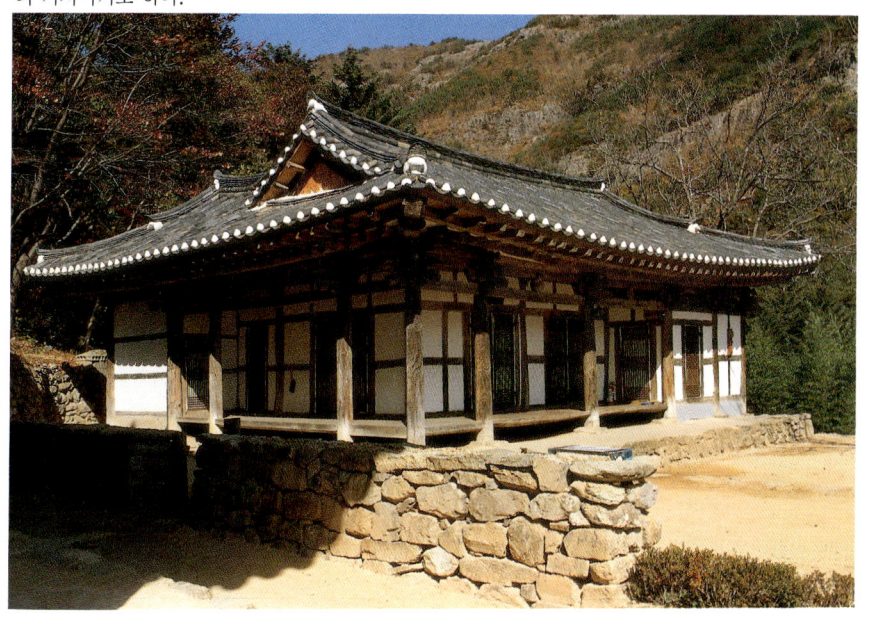

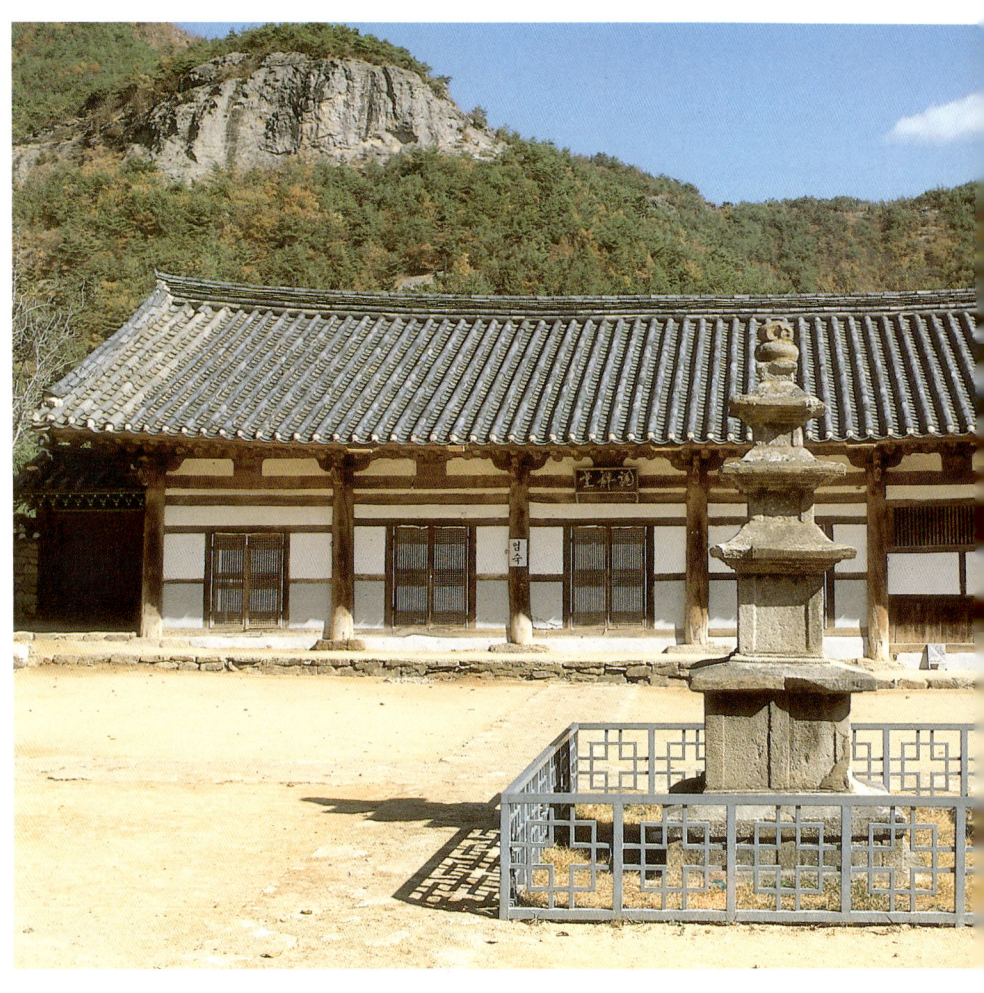

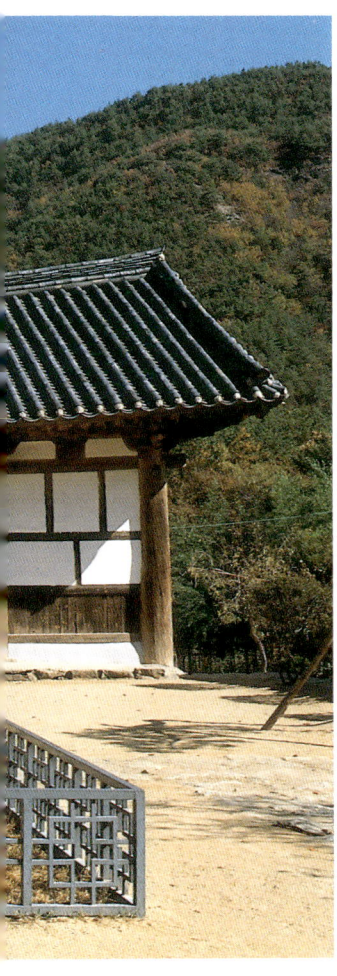

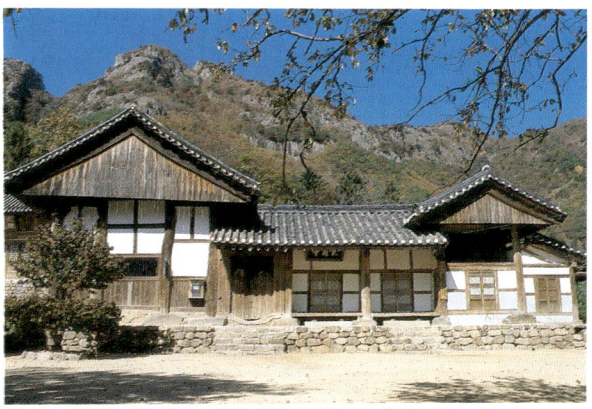

내소사 설선당 전면 왼쪽의 4칸이 대중방이고 오른쪽 2칸이 부엌이다. 훤출한 미간 (眉間)에 깨끗한 분벽, 중복 배열된 수장재 등이 독특하고 당당한 풍채의 요사이다. (왼쪽)
설선당 남측면 방의 넓이에 따라 지붕 구성이 다양하다.(오른쪽)

갑사(甲寺)

갑사는 공주군 계룡산 서쪽 산곡에 있어 계룡산 사방 4대 사찰 가운데 서사(西寺)로서 추갑사(秋甲寺) 또는 계룡갑사(鷄龍岬寺) 라고 불렸다. 옛 절은 대적전과 고려 부도가 있는 남쪽 언저리에 있었는데 임진왜란 후에 지금의 자리에 새로운 사원이 복건되었다. 따라서 현존 건물들은 모두 17세기 이후에 건립된 것뿐이다.

아름드리 괴목이 늘어선 경사 진입로를 따라 사역에 이르면 이중 석축단 위에 세워진 천왕문을 거쳐 중심곽에 들어간다.

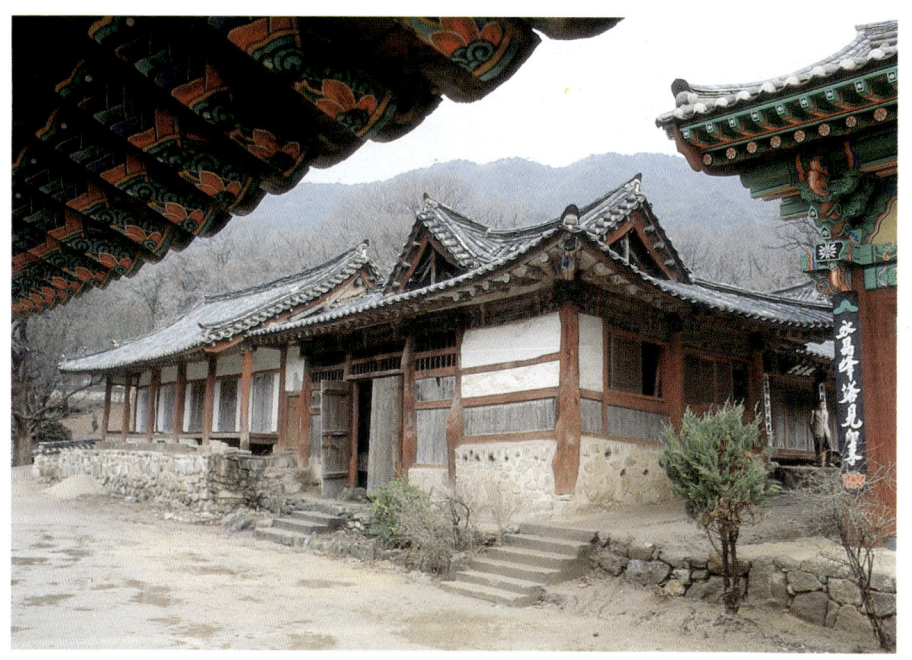

진해당 부엌 지붕에 양면 합각을 구성한 이 건물은 지형에 맞추어 기단과 판장문을 낮추었고, 판벽 상하에도 살창과 환기공을 배열했다.

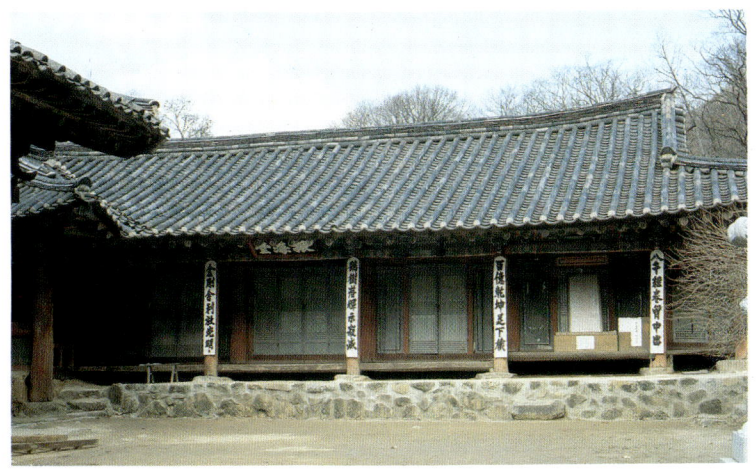

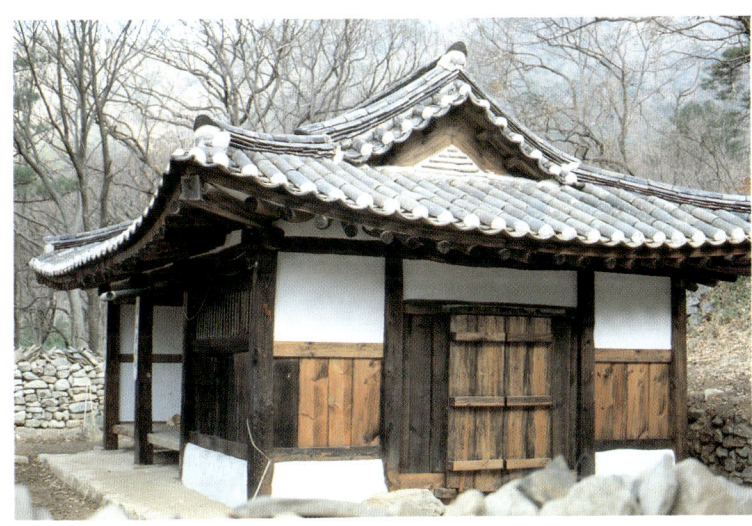

진해당 정면(위)
대적전 노전채 전체 요사의 구역에서 벗어나 따로 떨어져 있는 요사는 근래에 개수된
  것이다.(아래)

대웅전 앞마당에는 강당이 있고 그 양편을 진해당(振海堂)과 적묵당의 요사채가 감싸고 있어 중정은 작고 아담한 공간이다. 대웅전 동쪽으로만 시선이 트였고 강당은 마당에 붙은 평루(平樓)인 까닭에 그 양옆의 좁은 통로를 이용하여 진입한다. 양쪽 요사는 각기 ㄱ자로 꺾인 집으로 중정을 향해 툇마루와 큰방, 부엌이 있고 여기에 맞닿아 크고 작은 승방이 배열되었다.

서쪽의 진해당은 동남 모서리에 부엌과 대청을 동쪽으로 1칸 돌출시켜서 지붕 구성에 양면 합각이 보이는 독특한 외관을 형성했다. 남쪽 기단은 부엌 바닥에 맞춰 판장문(板張門)과 함께 낮추었고 돌출된 청루간(廳樓間) 마루 아래에는 고맥이벽에 수키와 2장을 조합한 원통으로 통기공을 양쪽 벽에 냈다.

부엌이 천장 가구를 드러내고 있음은 일반적인 예라 할 수 있지만 상부 합각을 완전 개방하고 판벽에 살창을 배열, 환기를 도모한 것은 독특한 예라 하겠다. 진해당 서쪽에 6칸 방사를 접속시키고 뒤쪽에 별채로 된 채공보살 거처소가 축대 위에 세워졌고 진해당 북쪽 끝에는 ㄱ자로 꺾인 가옥에 취사장과 수각을 마련하였다.

적묵당은 사찰 안의 대중과 처사들이 묵는 불목방으로 사용되는데 중정에 면한 쪽은 전후퇴를 둔 큰방이고 남쪽으로는 작은 신실(信室)로서 높은 몸체 윗부분에 층마루를 놓아 광으로 활용한다. 동쪽 면 박공 밑에 눈썹지붕을 달아 쪽마루와 방문에 비가 들이침을 막아 준다. 중심곽에서 벗어난 팔상전 구역과 대적전 옆에도 근래 개수된 요사 1동씩이 있다.

전체적으로 도량은 넓은 편이고 오랜 역사와 함께 많은 고승 석덕들이 주석했던 고찰이지만 승료에 속한 당우들은 연륜이 짧고 조잡하다.

장곡사(長谷寺)

충청남도 청양군 칠갑산에 있는 유서 깊은 고찰이다. 산곡간의 좁은 대지의 상하 2개처에 나누어 도량이 조성되었다. 각기 대웅전을 비롯한 부속 당우가 배치된 작은 규모의 가람이나 목조 건물과 철조 불상, 석조 대좌가 당대의 훌륭한 솜씨를 보여 주는 불교 미술품이다. 또한 요사 건물로는 설선당이 제법 옛 격식을 갖는 승당 건물로 주목을 끈다.

장곡사의 승방이나 요사는 하대웅전 구역에 있는데 중정을 가운데 두고 서쪽에 설선당과 그 건너편에 있는 봉향각이 전체 요사의 규모이다. 봉향각은 근래 건립된 노전채이고, 설선당 건물과 그 남쪽 끝을 ㄱ자로 꺾어서 후일에 증설한 작은 승방 부분이 승료 후원의 전부이다.

중정을 향해 있는 설선당 본채는 도리칸 3칸통의 큰방(선방이었던 듯)과 부엌 2칸으로 구성되어 후면에 툇마루가 설치되고 방과 툇마루 위에는 층상을 구조하여 그 윗부분을 수장 공간으로 활용한다. 2고주를 세웠고 정면 5칸, 측면 3칸의 21.9평 규모이다.

설선당은 당초에 강설과 참선에 응하는 선방이었던 것으로 생각되는데 큰방이 있는 3칸 전면에는 외2출목, 5포작으로 구성된 공포가 배치되었으며 쇠서(앙서) 곡선이 간결하면서도 강직하여, 초각된 첨차 대들보와 기둥 등의 고식 기법과 대조해 볼 때 조선 중기의 격식 있는 건물로 보인다.

한편 앞면 공포에 맞는 뒷면 처마 밑에는 짧은 첨차형 각재로 기둥 윗부분을 직교시킨 무공아계로 간편하게 처리했다. 남쪽의 눈썹지붕으로 처리한 부엌칸과 꺾여진 방 3칸은 단조로운 모습인데, 후대에 증설된 부분이다.

대개의 부엌 시설이 판벽과 살대창, 판문으로 마감되고 천장은

위까지 터져 휘어진 들보와 서까래 등이 시커멓게 그을음이 덮여 노출된 것과 같이 설선당 부엌도 같은 유형이긴 하나 하단 판벽 위에 회사벽을 친 상벽과 변화된 지붕 처리가 돋보인다.

　원래 좁은 산곡에 도량이 이루어져 후원 요사도 좁고 빈약한 편이 지만 설선당 건물만은 높은 기단 위에 당당히 세워진 위풍이며 가구 수법 등에서 상당한 옛 격식을 갖추고 있어 주목할 만하다.

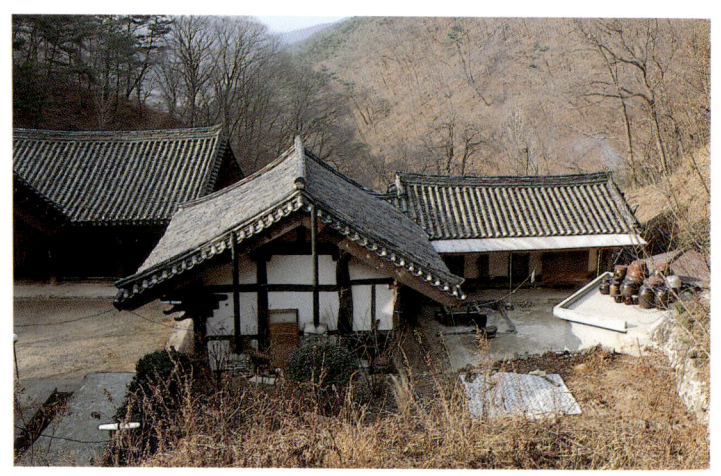

장곡사 요사 전경　좁은 산곡간의 작은 도량에 세워진 승당으로서는 매우 격식 있고 고풍스런 건물이다.

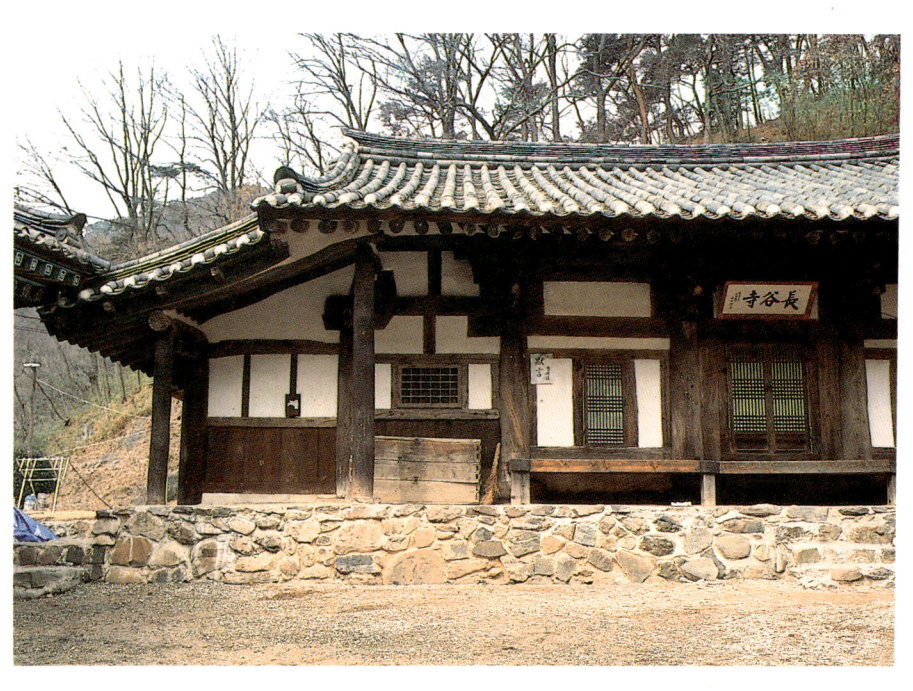

설선당 간결하면서도 강직한 수법으로 조각된 공포와 분벽을 가로지른 가구재들이
당당해 보인다.

도리사(桃李寺)

경북 선산군 해평읍 송곡동 냉산(冷山) 중턱에 자리한 작은 절로서 현재 '극락전' '조사전' '칠성각' 등 18세기 이후 건립된 전각들과 2채의 요사가 있다.

주지실로 사용하는 전면의 작은 요사는 근래 건축 수법으로 격이 떨어지는 편이며, 그 안쪽에 큰 규모의 'ㄷ자형' 평면을 갖춘 대중 요사가 비교적 옛 품격을 갖추고 있다. 본채의 전면에 도리칸 7칸, 보칸 3칸으로 큰방(대중방)과 부엌이 배열된 앞뒤에 반칸 툇마루가 양쪽 날개 부분으로 이어졌다. 동익사(東翼舍)에는 작은 방들이 3칸, 서익사에는 방과 곳간 등이 4칸 달린 끝에 다시 1칸을 ㄱ자로 꺾어 달아냄으로써 전체 평면은 '터진 ㅁ자형'이 되었다. 내정 쪽의 툇마루는 통로이고 동익사 방 앞에는 왼칸 퇴를 내어 기물(器物)을 보관하는 수납 공간으로 활용된다.

서익사 쪽의 방들도 당초엔 곳간류였는데 구들을 들여 방으로 꾸미고 앞뒤쪽에 마루를 달아 공양주 및 불목방으로 사용된다. 넓은 부엌의 양쪽에 부뚜막을 설치하고 벽은 판벽으로 마감하였고 판장

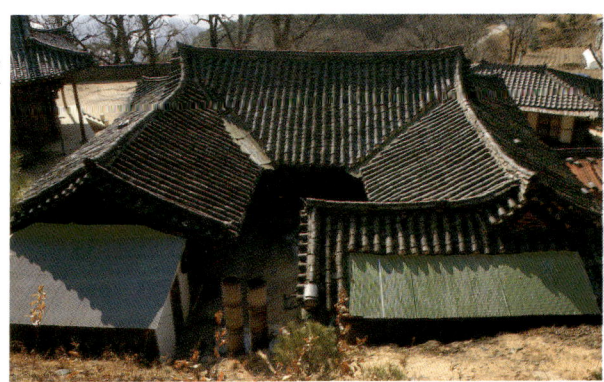

요사 지붕 배산(背山)에서 내려다본 요사 지붕 전경, 좁은 안마당을 가진 안온한 민가 모습이다.

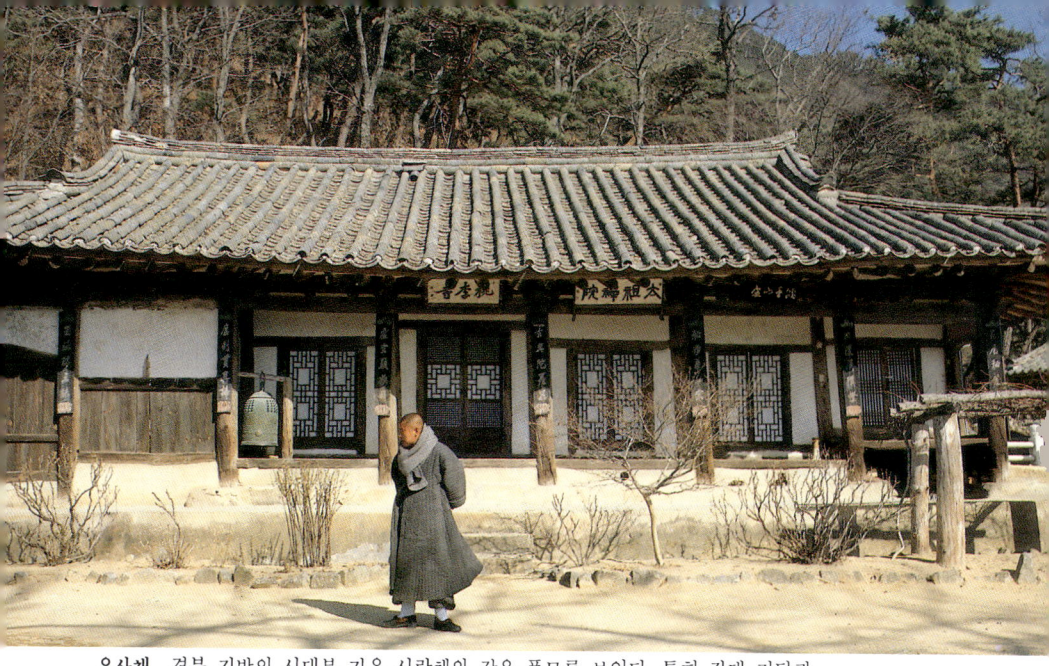

요사채 경북 지방의 사대부 가옥 사랑채와 같은 풍모를 보인다. 특히 장대 기단과 아자(亞字) 창호, 높여진 함실마루 등이 더욱 그렇다.

문 밖에 별채로 2칸의 찬간 및 수각을 지어 부엌 살림하는 데 이용 하게 하였다.

이 요사 건물의 확실한 건립 연대를 밝힐 수 없으나 건물 형태와 기법 등으로 보아 사찰 중창 시기에 함께 이루어진 것으로 보인다. 안동과 예천 지방의 사대부가 살림집 같은 짜임새와 평면을 갖고 있는 것은 매우 특징적인 점이라 하겠다. 안쪽으로는 넓은 보칸 (樑間)으로 해서 드높은 지붕이 위엄을 부렸고 좌우 익사는 보다 낮은 맞배지붕이 연결되고, 뒷산을 향해 양팔을 벌린 듯하다가 그 오른쪽 끝을 살짝 꺾어 ㅁ자집의 한 귀를 터놓은 듯하다. 소박한 여염집 풍모를 보인다고 할 수도 있다.

좁은 안마당을 둘러싼 3면 벽엔 광주리 등 부엌 생활 용구들이 걸려 있어 민가인 시골집 안마당에서 느끼는 정감을 그대로 보여 주고 있다.

봉정사(鳳停寺)

　　경상북도 안동군 서후면 태장동 일대의 천등산 중턱에 도량을 개설한 봉정사는 신라 통일 직후 의상조사에 의해 창건되었다. 이후 수차에 걸친 중수는 있었지만 임진왜란과 병자호란 등 전국을 초토화시켰던 병란의 영향을 받지 않았던 듯 경내에는 우리나라 최고(最古)의 목조 건물이라 일컫는 극락전(12세기, 고려 중기 건물 추정)과 다포계 초기 건물인 대웅전을 비롯 화엄강당, 고금당(각기 17세기 건물) 등 당대의 우리 목조 건물 양식을 대표할 만한 중요한 전각이 남아 있다.

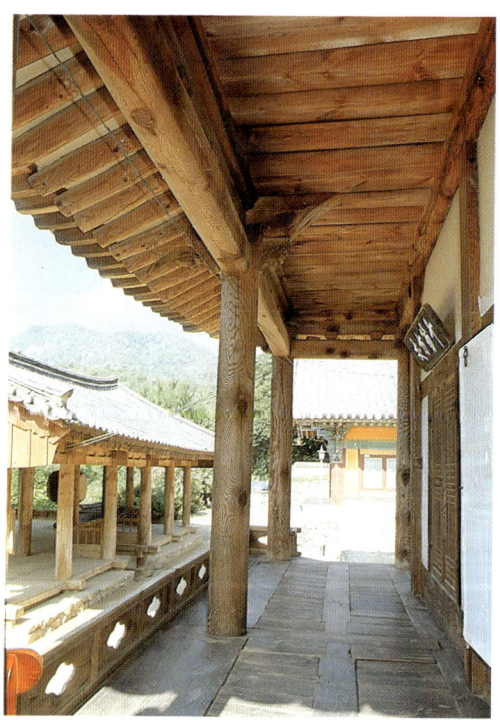

툇간 마루　해회당 남면 축단 밖으로 튀어나와 열주가 받쳐진 내루 부분이다.

1960년대에 봉정사를 찾았을 때에는 극락전 전정 하단에 요사가 있었고 현 요사군(해회당) 하단에도 판각류의 건물이 있었는데 요사는 철거되고 판각은 서문 밖으로 이건되었다. 지금 봉정사의 승료는 대웅전 앞마당 오른쪽에 있는 해회당과 그 후원의 승방뿐이다. 근래의 사황 설명에서도 '적묵당' 등의 명호가 있으나 현재 건물은 없다. 해회당은 정면 4칸, 측면 3칸의 겹처마 집에 전면과 남쪽에 마루를 놓고 양통의 중앙에 칸벽을 설치, 몇 개의 방으로 나누어 부전승과 객승의 방, 종무실로 사용된다.

남쪽 면에는 축단 밖 단하로 튀어나온 열주로 받쳐진 누(내루)와 후면 내정 쪽에 쪽마루가 연결되어 통로는 3면에 이어졌다. 해회당 몸체에서 약 1미터 가량 떨어 'ㄷ자'를 뒤집은 형태로 요사가 배치돼 전체적으로 '트인 ㅁ자형' 평면을 이루었다.

안마당을 둘러싼 북쪽의 방사 모서리에 '염화실'이라 한 작은 편액이 붙어 있다. 2칸 방과 작은 대청, 그리고 단칸방 둘이 꺾여 북동쪽을 막아섰고, 4칸의 넓은 부엌은 동남 모서리에 돌출된 남쪽으로 3칸통의 큰방을 만들어 사중 대중방으로 활용하고 있다.

부엌 바닥은 내정 바닥보다 4자 가량 낮아 몇 단의 디딤돌을 디뎌야만 부엌 안으로 내려설 수 있다.

중정에 면한 본채(해회당)는 겹처마와 익공이 가구된 비교적 높고 당당한 건물이나 ㄷ자의 후원 요사 부분은 홑집으로 매우 엉성하다. 안마당을 향한 본채 뒷면 각방에는 띠살문 옆에 살대를 꽂은 광창이 개설되어 내정의 분위기를 아담하게 꾸며 준다. 화엄강당과 고금당 등 중단 지역에 배열된 옛 격식의 당우에 비하여 요사는 수수한 편으로 건물 연대도 매우 내려온다. 산곡간의 작은 산사인 까닭에 머무는 승려 수도 적어 간략한 승사를 짓게 되었겠지만 중후한 가치의 목조 건물에 비하면 승방과 요사는 빈약한 편이다.

용주사(龍珠寺)

경기도 남부 지방의 60여 대소 사암을 통할하고 있는 용주사는 화성군 대안면 송산리에 있다. '성황산 용주사(城隍山 龍珠寺)'라는 현판이 걸린 높다란 층루 안마당에 대웅전을 비롯 10여 동의 당우가 평탄 대지에 세워졌다.

용주사는 1790년(정조 14) 보경(寶鏡) 스님 등에 의해 옛 갈양사 터에 세워졌다. 사도세자의 능원(현융원)이 이곳 화산에 옮겨질 때 효성이 지극한 왕의 뜻에 따라 그 원찰이 된 것이다. 창사 이래 몇 차례 중건 불사가 있었고 지금도 중건되는 당우가 있으나 대체로 초창기의 건물 모습을 보인다.

이 절의 요사는 대웅전 앞뜰 양편에 들어선 '나유타료(那由他寮)'와 '만수리실(曼殊利室)'이 대표된다. 또 대웅전 서쪽에 동향한 봉향각이 노전채로 활용되고(현재는 주지 거처) 나유타료 동쪽의 작은 별당 1동과 중문 양편에 붙은 행랑도 대중 스님 외의 사중 처사들이 거처하는 수직방 또는 고방들이다.

주요사인 나유타료 및 만수리실은 용주사 창건 당시 세워진 거대한 ㅁ자형 승사로서 그 건평은 각기 86평씩이다. 법당 앞마당을 향해 전툇간, 후툇간을 가진 큰방(대중방)을 두고 뒤쪽의 내정 둘레에 부엌과 작은 승방, 객실, 고방 등을 둘러 배치한 것은 흔히 볼 수 있는 예이지만 두 요사 중간의 2층 층루(천보루)와의 사이를

용주사 가람 배치도 (오른쪽)

1. 선방
2. 칠성각
3. 서고(장판각)
4. 노전(주지처소)
5. 범종각
6. 대웅전
7. 경각
8. 지장전
9. 나유타료(선당)
10. 천보루(강당)
11. 만수리실(승당)
12. 요사
13. 불음각(종각)
14. 중문 및 행각
15. 화장실
16. 정문

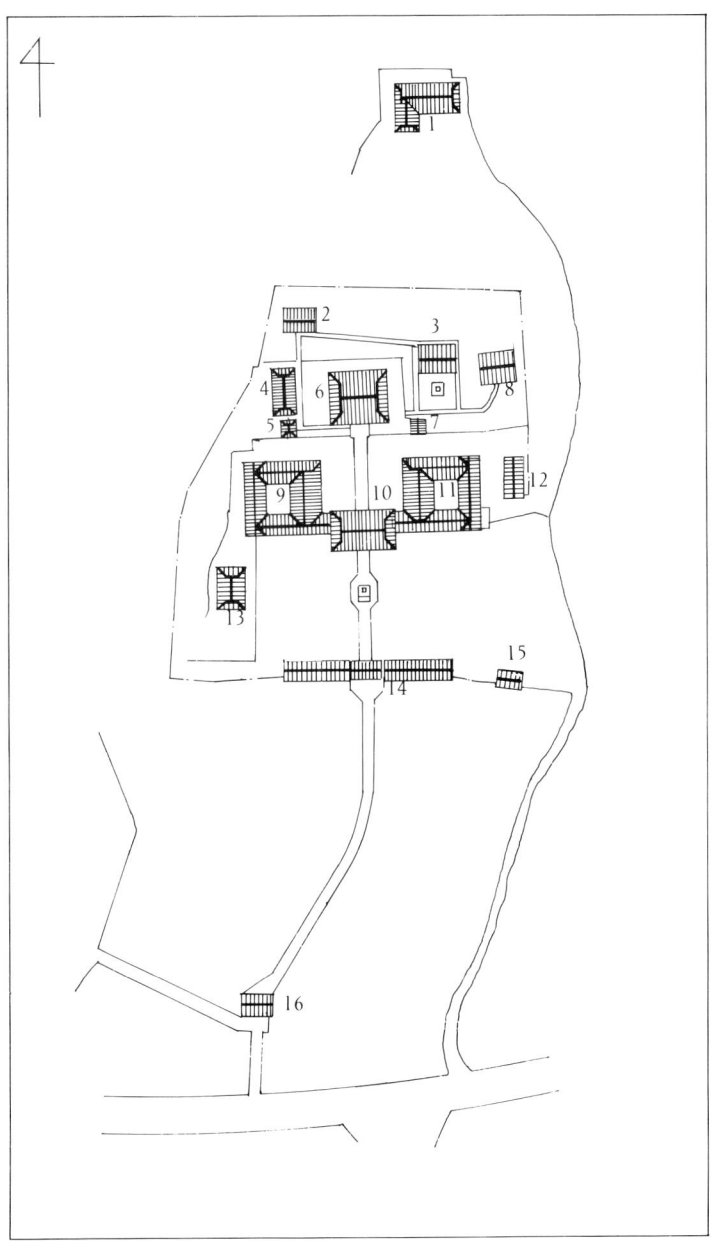

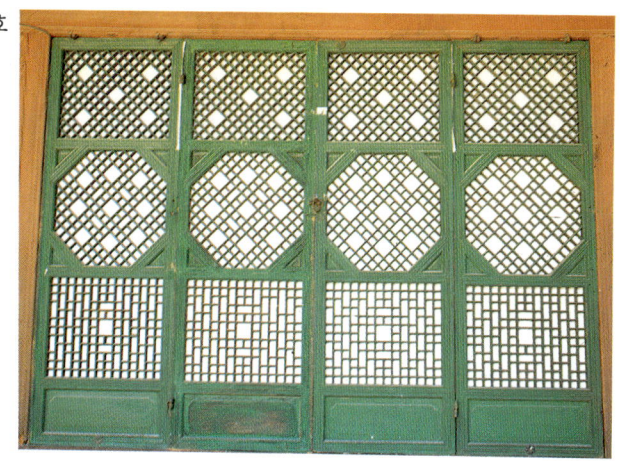

대중방 창호

월랑으로 연결하여 법당 전정에 회랑을 두른 듯한 배치가 평범한 사찰과는 구별된다. 긴 행각과도 같은 외벽에 경쾌한 변화를 주었고 독특한 지붕 처리 구성이 돋보인다.

몸체(축부)의 기둥 높이는 꽤 높은 편이나 남부 지방에서와 같이 벽을 2층 구조하지는 않았고 남변은 1.5미터 가량의 높은 축대 위에 건물을 세웠다. 장대석 기단과 창호 제작(팔모 접은 불발기창을 드린 교살, 아자형 조합), 건실한 목재 치목 수법 등에서 고급스러운 요소가 발견되므로 왕실과 관련있는 권위 건축 기법의 요사라 볼 수 있다.

「용주사 본말사지(本末寺誌)」(1984년 간)에 의하면 창건 때 함께 세워진 대웅전은 문안(文彥) 스님, 천보루는 쾌성(快性) 스님, 나유타료는 의섭(義涉) 스님, 만수리실은 운명(雲明) 스님 등이 각각 도편수 일을 담당한 것으로 되어 승려들의 손으로 직접 건축되었음을 알 수 있다.

가람의 전체 배치로 보아서는 조선시대 가람 배치의 기본을 따랐

으되 층루와 연결하여 내회랑을 두르고, 그 밖으로는 중문 좌우의 익랑이 드리워져 중심 사역을 감싸는 또 하나의 외곽 회랑을 갖춘 듯하다. 따라서 산문으로부터 2층의 회랑을 거쳐 중심부에 들어가는 기분을 느끼게 되는데 이 점이 여느 사원과 다른 점이 아닌가 생각된다.

수각   나유타료 뒤편의 외곽에 세워졌다. 대충 다듬은 돌기둥과 돌각담 위에 보를 걸고 기와지붕을 얹었다.

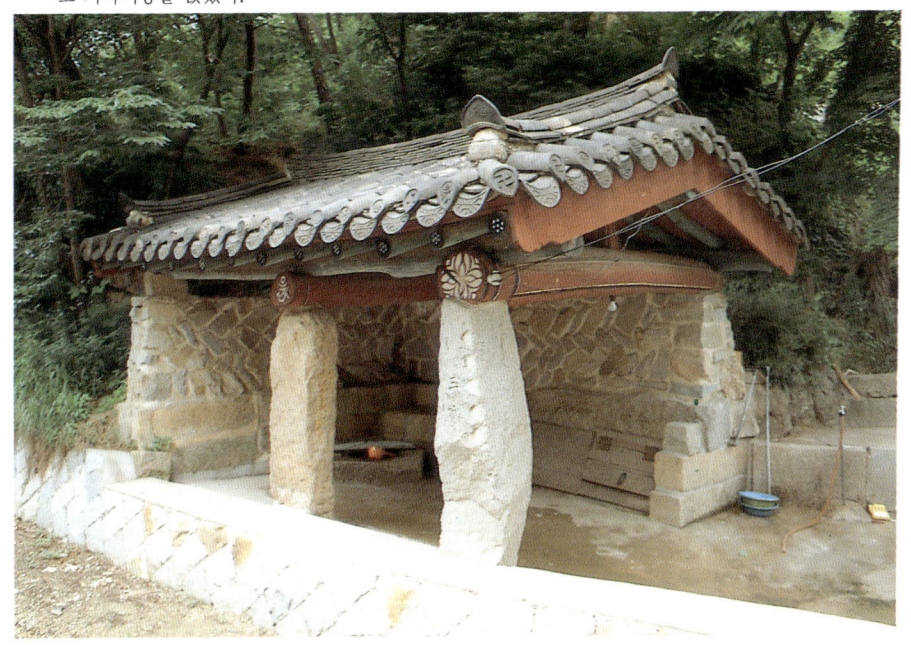

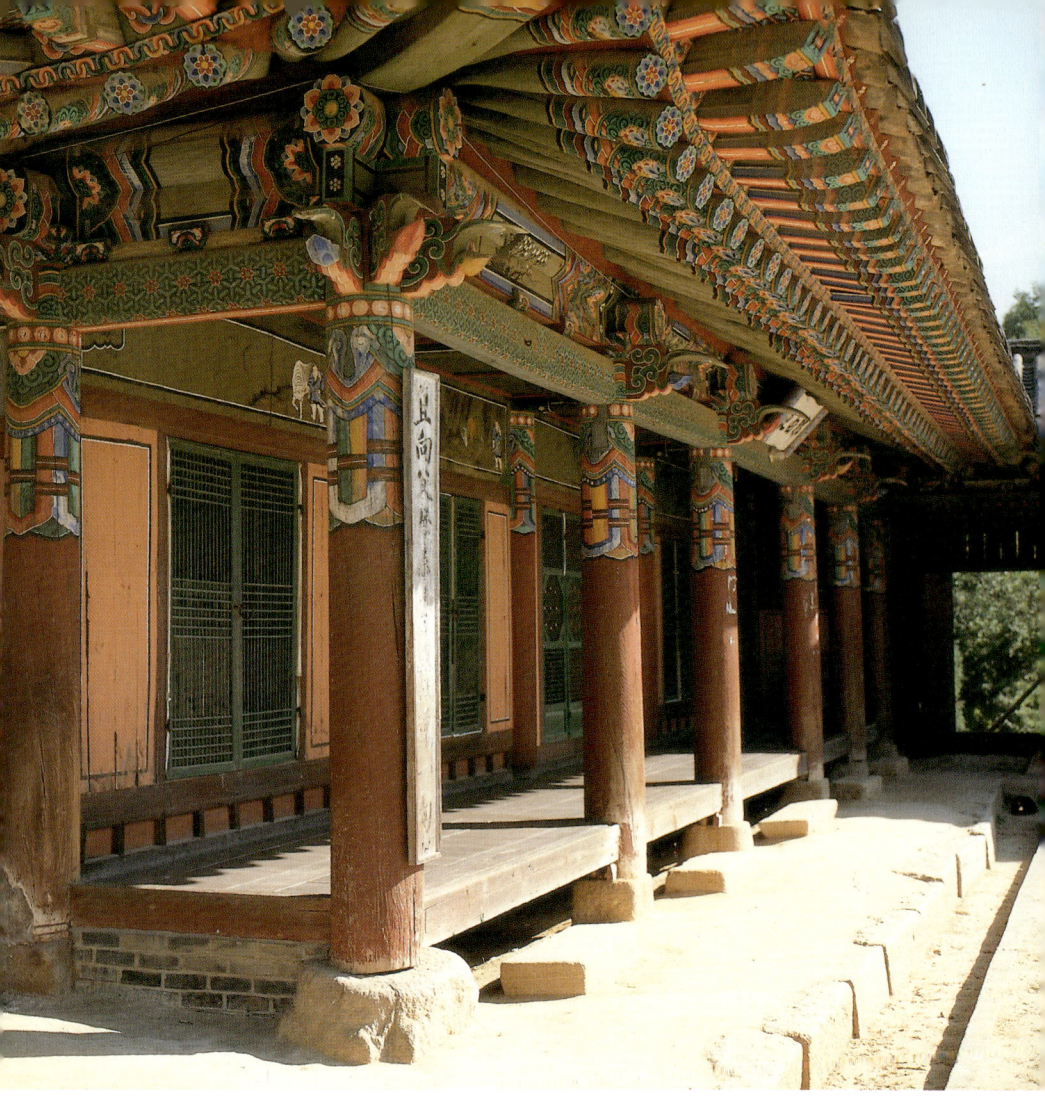

용주사 요사 장대석 기단과 두리기둥, 익공계의 겹처마, 막새기와, 머름둔 벽간살과 고급스런 창호 구성, 화려한 단청 등이 여느 요사채와는 다르며 왕실의 원찰다운 품격을 보인다.

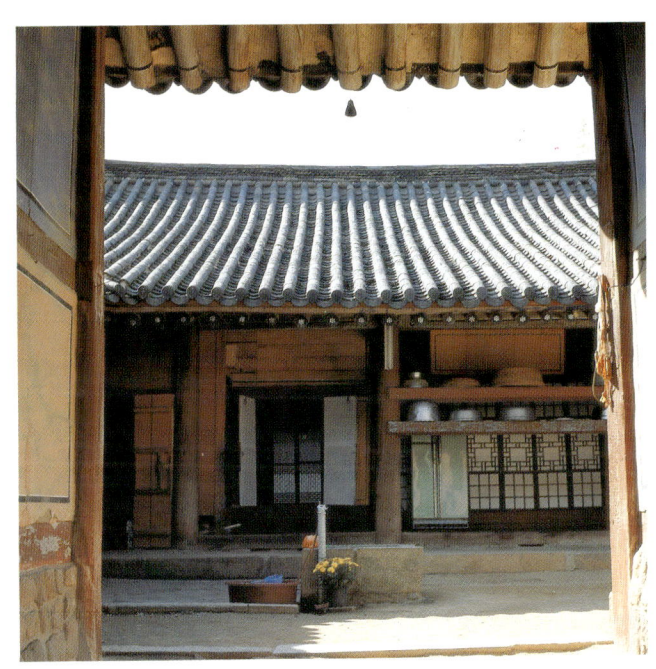

나유타료 대문간을 통해서 본 나유타료의 안마당 모습이다.

신륵사(神勒寺)

경기도 여주 남한강가에 있는 신륵사는 고려 때의 문양전을 쌓은 다층 전탑이 있어 벽절(甓寺)이라고도 불렸다.

신라 말의 원효 창건설이 전해지나 고려 말 나옹 스님이 이곳에서 입적한 뒤(1376년) 불전과 선당, 승당을 중건하고 부도, 탑, 비 등을 세우면서 크게 번창되었다. 1469년 세종대왕 영릉(英陵)이 여주로 이장된 후 절의 당우(堂宇)를 새롭게 중수, 그 원찰로 삼았었다.

지금 극락전을 비롯한 조사당과 누, 요사 등이 남아 있으며 주위에 많은 석조물들이 있다. 신륵사의 승료 건물은 극락전과 석탑,

신륵사 요사 옛 심검당 자리에 새로 들어선 선각당. 옆의 협문으로 들어서면 요사 후원의 수각, 채공간, 한뎃부엌, 장독대 등 일련의 취사 설비들이 집중되어 있다.

구룡루(九龍樓)를 잇는 남북 중심축의 동쪽에 있는 심검당과 서쪽에 중정을 향해 적묵당이 대면하여 있다. 또 심검당 북쪽, 극락전 옆으로 노전인 봉향각과 수각 및 채공간, 별설된 한뎃부뚜막 등이 가옥(假屋)으로 덮여지고 노전 뒤편 높은 대에 장독대가 설치되었다. 이 일곽은 돌담에 둘러진 후원 생활 공간이며 작은 문을 통해 출입하게 되는데 근래의 보수를 통해 건물의 모습이 새롭게 바뀌었다.

심검당은 대중 법요를 수행하는 중심 요사로 큰방과 대소의 승방, 부엌, 광이 있는 ㄷ자집이다. 중정을 향해 툇마루에 연결되었던 것이 변형되어 퇴 없이 기단에서 바로 큰방에 들어가도록 고쳐졌다. 그리고 '선각당'이란 새 당호명이 편액되고 요사 기능은 동남쪽

요사 전경 대장각비가 있는 동쪽 언덕에서 내려다본 모습이다.

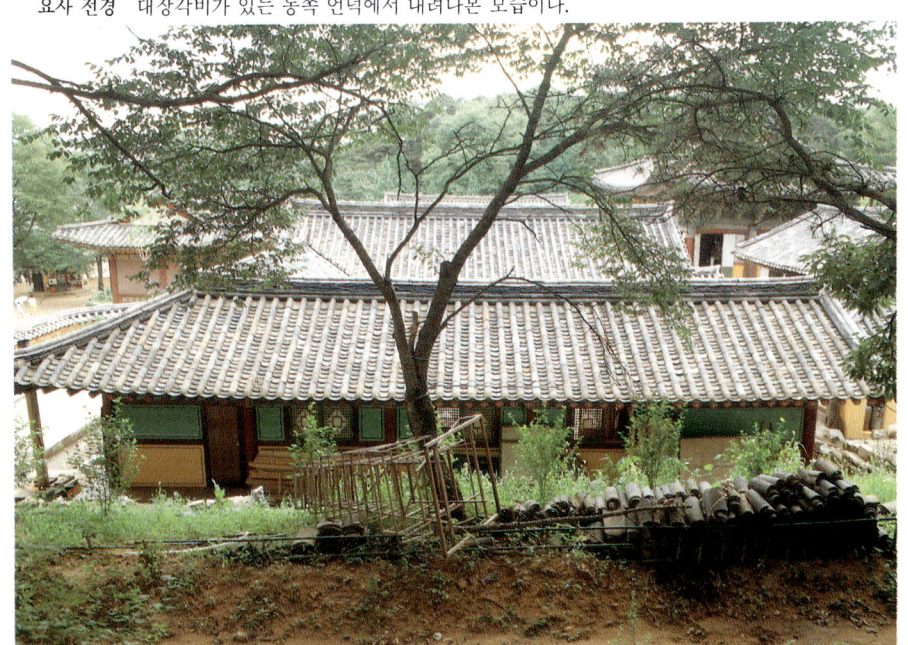

으로 꺾여진 부분에 모두 수용되었다. 동쪽 끝에 배열된 채공간과 수각, 한뎃부엌, 장독대 등이 아늑한 후원 생활의 모습을 재현해 주고 있다. 중정을 향한 큰방 출입문과 2짝의 교살창문으로 바뀌어 져 불전(법당)과 같은 인상을 준다.

적묵당은 조선시대의 재래 승방 그대로 전면 6칸 중 4칸에 툇마루를 둔 큰방(선방)과 남쪽 끝에 2칸 부엌, 북쪽 끝에서 ㄱ자로 꺾어 작은 방들을 연결시키고 다른 2면엔 담장을 둘렀다. 이 일곽은 당초 선당(禪堂)이었다. 본래 신륵사 선원은 고려대 이래 상당한 선객들이 머물렀으며 좋은 경치를 찾는 시인 묵객들이 많이 머물렀다. 강가 풍경과 함께 선방 분위기를 읊은 시가 「동국여지승람」 등에 전해진다. 최근에 개축된 심검당과 함께 적묵당도 1769년 (정조 20) 신륵사의 중수 역사 때에 지어진 건물이다.

극락전과 구룡루(九龍樓), 선방, 요사 등으로 짜여진 중심곽 서쪽 낮은 지대에 명부전과 종각이 떨어져 있고, 그 북쪽 평지에 조선 초기 건물인 조사당이 있고, 그 북쪽 언덕에 나옹의 부도탑, 비, 석등 등이 있다.

봉은사(奉恩寺)

서울 강남구 삼성동의 봉은사는 통일신라기인 794년에 견성사(見性寺)로 창건되었는데 조선 중기에 이웃한 선릉(宣陵)의 수호 사찰로 중창한 후 봉은사로 개칭하였고 1562년(명종 17), 지금의 자리로 옮기었다.

큰 도량이었던 봉은사는 임진왜란과 병자호란 때에 모두 불에 타버리고 1635년(인조 15)과 1825년(순조 15)에 각각 중건되었으나 일제 때인 1939년에 또 한 차례 소실되어 그 후 점차로 여러 당우가 재건되었고 지금도 새로운 건물이 세워지는 등 중흥의 불사가 계속되고 있다.

봉은사의 승방 및 요사는 대웅전 전정 양편에 있는 선불당(選佛堂)과 심검당이다.

선불당 1.5미터 가량의 육중한 장대석 위에 세워진 선불당은 옛날에 승과가 치러지던 승당인데, 궁실의 지원을 받아 견실한 재목을 사용한 웅대한 규모이다. 지붕 전후면의 합각이 이채롭다.

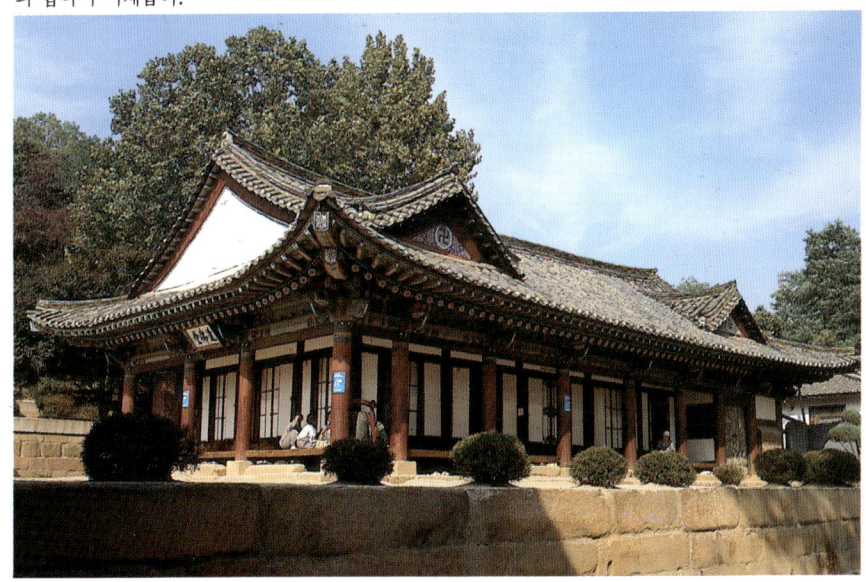

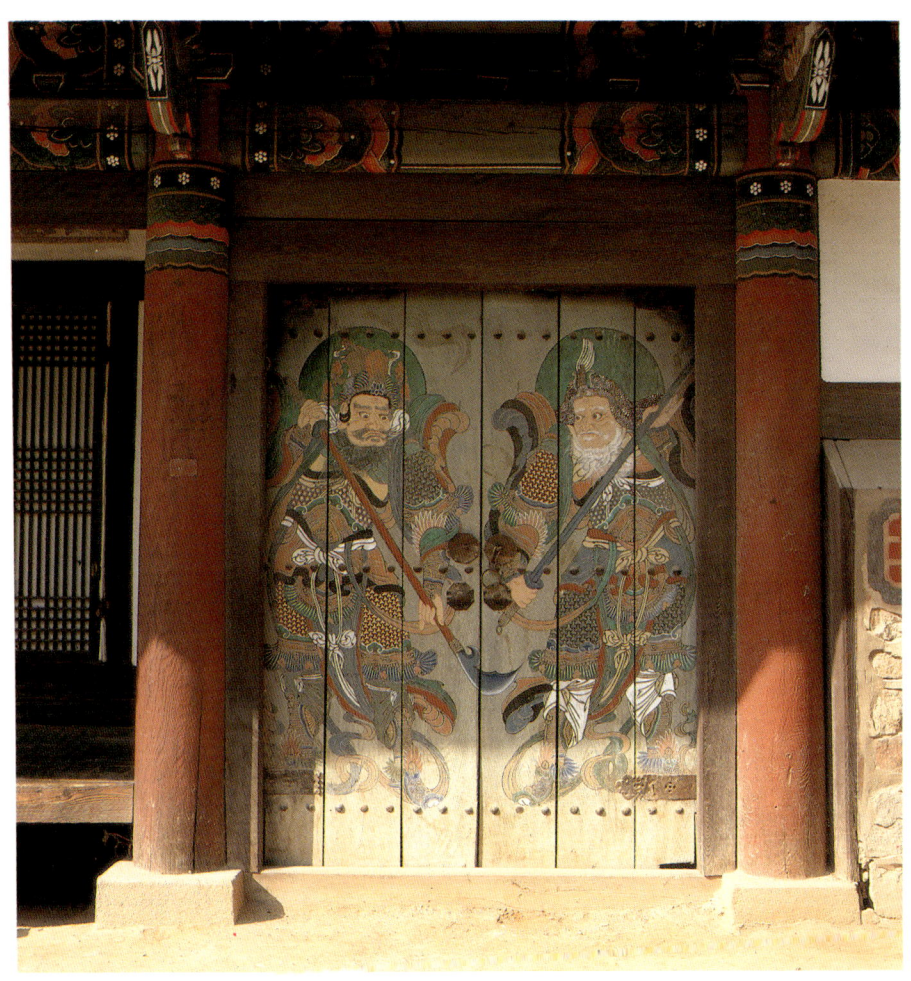

선불당 부엌문 부엌은 전면 2칸과 측면 전체를 터놓은 구성으로 부엌 뒤편에 따로 한뎃부뚜막이 설치되어 있다. 부엌문은 정면과 측면 2곳에 있으며 문짝 외면에는 신장상 등이 그려져 있다.

선불당은 중정 동쪽에 세워진 정면 8칸, 측면 3칸의 당당한 승당으로 전면 쪽엔 장대석 축단 위에 세워지고 지붕 모양에 독특한 외관을 갖고 있으며 1941년 재차 중건되었다. 평면 구성은 중심부에 5칸통의 넓은 방 하나만을 내고 그 앞뒤와 서쪽의 3면에 걸쳐 툇마루가 설치되었고 동쪽의 2칸통은 전체가 부엌이다.

전면 2칸과 측면 전체를 터놓은 부엌칸에서 취사와 조리를 하는데 부엌 뒤편에 따로 한뎃부뚜막이 설치되고, 보조 부엌과 공양주의 방, 찬간 등으로 쓰는 별채가 있다. 부엌문은 정면과 측면 2곳에 있으며 문짝 외면에는 신장상 등이 그려져 있다. 두툼한 화방벽 위에 벽돌로 쌓고 살창을 넓게 내었다. 합각벽에 치장한 완자문 구성과 육중한 하방벽의 담벼락 구성, 정교한 장대석 기단 등이 여느 사찰 요사와는 다르고 궁실이나 양반의 집채와 같은 위엄이 있어 호방하다. 매칸 창호는 띠살문 안에 한지를 바른 미닫이를 받치고 방 안은 종이 반자, 툇마루엔 격자 넣은 소란 반자 면에 연꽃 문양이 화려하다. 재목도 견실하고 단청도 고급스러울 뿐 아니라 웅대한 규모로도 주목받을 만한 승당이다(서울시 지정 유형문화재 제64호, 1985. 12. 5 지정).

중정 서편의 심검당은 정면 5칸, 측면 4칸보다 작은 승당을 선불당과는 직각축으로 배치하였고 팔작지붕의 앞뒤 몸채 중앙에도 큰 합각을 꾸며 중정을 사이에 둔 양쪽 건물의 합각부가 서로 마주보고 있는 셈이다. 선불당보다는 작고 간략한 건물이나 장대석 기단과 둥근 기둥, 창호와 분벽한 벽체, 근엄한 단청, 지붕 등이 장중하고도 당당하다. 도성 안 사대부가의 불자들이 참례하던 주요 사찰다운 분위기를 느낀다.

빛깔있는 책들 103-10

요사채

글	—이응묵
사진	—이응묵

회장	—차민도
발행인	—장세우
발행처	—주식회사 대원사

주간	—박찬중
편집	—김한주, 조은정
미술	—김은하, 최윤정, 한진
전산사식	—김정숙, 육양희, 이규헌

첫판 1쇄	—1989년 11월 20일 발행
첫판 5쇄	—2002년 4월 30일 발행

주식회사 대원사
우편번호/140-901
서울 용산구 후암동 358-17
전화번호/(02) 757-6717~9
팩시밀리/(02) 775-8043
등록번호/제 3-191호
http://www.daewonsa.co.kr

잘못된 책은 책방에서 바꿔 드립니다.

값 13,000원

Daewonsa Publishing Co., Ltd.
Printed in Korea(1989)

ISBN 89-369-0049-8 00220

빛깔있는 책들